心理学マニュアル

研究法レッスン

大野木裕明
中澤　潤　編著

北大路書房

◎ 執筆者一覧

◆

編者／大野木裕明・中澤　潤

◆

大野木　裕明	■福井大学教育地域科学部附属教育実践総合センター教授　教育学博士	：1章, 14章, コラム①
中澤　潤	■千葉大学教育学部教授　博士(心理学)	：2章, コラム⑪
三嶋　博之	■早稲田大学人間科学学術院准教授　博士(人間科学)	：3章
浜崎　隆司	■鳴門教育大学大学院学校教育研究科教授　博士(教育学)	：4章
内山　伊知郎	■同志社大学心理学部教授	：5章
二宮　克美	■愛知学院大学情報社会政策学部教授　教育学博士	：6章
白石　敏行	■山口大学教育学部准教授	：7章
羽成　隆司	■椙山女学園大学文化情報学部准教授　博士(心理学)	：8章
曽我　祥子		：9章
岡田　圭二	■愛知大学短期大学部准教授	：10章
松崎　学	■山形大学教育学部教授	：11章
川上　正浩	■大阪樟蔭女子大学心理学部教授	：12章
中島　実	■神戸女子大学文学部教授	：13章
高橋　綾	■東京大学大学院教育学研究科	：コラム②
竹原　卓真	■同志社大学心理学部准教授	：コラム③
植村　善太郎	■福岡教育大学教育学部附属教育実践総合センター准教授	：コラム④
榎本　淳子	■東洋大学文学部准教授　博士（教育学）	：コラム⑤
大河内　祐子	■玉川大学通信教育部非常勤講師	：コラム⑥
柳瀬　亮太	■信州大学工学部常勤講師　博士（人間科学）	：コラム⑦
関塚　麻由	■千葉大学大学院自然科学研究科	：コラム⑧
日下部　典子	■福山大学人間文化学部講師	：コラム⑨
柴橋　祐子	■千葉工業大学情報科学部准教授　博士（教育学）	：コラム⑩

はじめに

　『心理学マニュアル研究法レッスン』は，心理学で卒業論文を書くことをめざしている大学生諸君，とくに心理学研究法の勘どころをマスターしたいと願う読者を対象にして書かれている。これまで『心理学マニュアル』シリーズの刊行を通じて，心理学専攻の大学生諸君に入門コースを提供してきたが，本書『心理学マニュアル研究法レッスン』は，これらの研究法をマニュアル的に使用する方々の活動を支えるような基礎的な力を，文字通り，レッスンすることを意図して編集されている。

　ここで，はじめてマニュアル・シリーズを目にする大学生諸君のために，このシリーズの「マニュアル」および本書の「研究法レッスン」のタイトルの意味について，少し説明をしておこう。

　いうまでもなく心理学研究は，心理学的な研究法や心理学的な発想，着眼を通じて押し進められる活動であるが，それらの成果は，まずは共有化を意図しながら心理学者に向けて発信される。研究者集団は学会や研究会等を通じて，それら証拠 (evidence) の情報流通をはかる。そこで十分に合意された研究報告は，集団の知的な共有財産として蓄積されていく。これらの了解があるからこそ，他者に発信するための「言語」「リテラシー」として，研究方法や専門用語が使われる。

　したがって，この集団に参加し，共有財産の恩恵を受け，また，ささやかな貢献を意図しようとめざす者は，研究者と語るための「言語」「リテラシー」をマスターする必要がある。本シリーズは，この考えに基づいて，「言語」「リテラシー」にあたる最低限の必須の研究手順や専門用語をマニュアルとして初学者に提供できないかと試みたものである。そのマニュアルは，まさしく「カタコトの言語」であるかもしれないが，どの世界でも，最初はここから始まるのである。

　ところで，世には「マニュアル人間」なる人種が生息するという。その人たちはどんな人たちかというと，とにかくマニュアルを覚えて，それを機械的に守る。そして，現場にマッチしないマニュアルであっても，やみくもに運用し，現場を混乱に陥れているのだという。これは，例えていうと，数学の公式を丸暗記して，むやみに当てはめて解を出そうと，もがき苦しむようなものだ。使い方を間違えると，とんでもないことになる。そうではなく，そのような公式

が成立するプロセスを学び，その考え方を熟知することによって，公式のありがたみを味わって援用したり，公式の弱点がわかり臨機応変に対応できるのである。

　同様のことがマニュアルにもいえるだろう。マニュアルは形式的に，ただ丸暗記して，事務的になぞればよいものではない。それはそれで「カタコトの言語」として重要ではあるが，それに留まることが心得違いなのである。マニュアルが作成されるまでのプロセスを熟知し，どうしてこのようなマニュアルになったのかを考え，表面に出ないで消えていった膨大な不採用のマニュアル予備群の存在を意識することによって，いまここにある実際のマニュアルのありがたみを味わって援用することができ，また，マニュアルにない事態に臨機応変に対応できる姿勢が生まれるのではなかろうか。わたしたちが読者の皆さんに期待している生きたマニュアルは，本当は，あなた自身のなかに生まれる考え方の筋道，思考法，センスなのだ。マニュアルの形のみに留まるのではなく，自らフィールドの中で新しいマニュアルを産み出す力もまた育成すべきなのである。

　本書は，上記のような研究パワーの育成を目指したもののうち，マニュアル・シリーズ全般にわたって基盤となるパワーを育成するためのレッスン書である。このため，本書の大まかな構成は次のようにしてある。

　第1部は，心理学ワールドの中への学術的な接近法についてまとめた。第1章では，本書全体のうちの大半にあたる「先行研究と本研究計画の位置づけ」のタイプについて解説した。それらは具体的には，第2部で1つひとつの研究事例として学んでいけるようにしてある。2章は，先行研究の学び方，自分の研究の報告の仕方について基本的な部分をまとめた。

　第2部は，上で略述したことの具体化である。先行研究と本研究の間の研究上のつながりには，典型的なパターンがある。本書では，そのパターンを学術的な共同体へのエントリー・モデルとして列挙・整理してある。例えば，欧米の最先端の成果が日本でも見られるかどうかを確認することは，知的な共有財産として意味のあることだろう。これはエントリー・モデルの1つである。第2部では，そのような先行研究と当研究との研究上の関連性のタイプについて，標準的な9つの事例を示してある。

はじめに

　第3部は，研究報告の論理そのものに関するトレーニングについてである。研究論文はいろいろな面から知的なチェックを受けて，誤った手続きから導かれた結論が発信されないように努める必要がある。もしも，そのような成果がおびただしく研究者集団の知的な共有財産の中に混入されたとしたら，学術的な共同体が所有する知的な財産は砂上の楼閣となる。したがって，方法は十分に練り上げられているか，論理はクリティカルになされているかなどが重要になる。このようなわけで，第3部では，研究論文の作成についての思考トレーニングを扱っている。ケースとして示してあるので，演習として活用していただくと，心理学的なセンス，発想法，科学的な思考法が育成できるだろう。

　なお，それぞれのところに，心理学のいくつかの分野・領域について紹介をしてある。このコラムも読んでいただいて，心理学ワールドへの広い展望をもっていただきたい。

　最後になるが，これまで本シリーズに対してご支援くださった読者の方々，北大路書房の方々，とくに忍耐強く編集に付き合ってくださった薄木敏之氏に感謝したい。また，当初より本企画の立案を勧めてくださった元北大路書房編集部の石黒憲一氏にも，心から謝意を表する次第である。

2002 年 8 月

編者　　大野木裕明　中澤　潤

目　次

はじめに

第1部　エントリーのためのレッスン　1

1章　知の共同体への参加の技法　2

1．心理学ワールドへの参加と貢献　2
　　知へのアプローチ／2つのアプローチ／情報の源としての研究会・学会／専門家集団
2．卒業論文研究の進め方　6
　　Aさんの卒業論文構想発表／知へのアプローチ再考／エントリーの失敗
3．何をトレーニングするか　11
　　トレーニング・メニュー／本書でレッスンすること

2章　心理学論文の探し方，読み方と書き方　16

1．論文の収集と文献研究　16
2．論文の批判的読み方　18
　　タイトル／問題／方法／結果／考察／最後に／論文を読むに当たって
3．論文の書き方　21
　　論文執筆までの準備／表題／問題／方法／結果／考察／文献／要約／謝辞／附録／本文中の引用／図・表／最後に
　　　コラム①　研究発表の仕方1──わかりやすい口頭発表──／30

第2部　論理展開のレッスン　33

3章　エントリー・モデル1：理論的仮説や経験的理論を実証的に検討する　34

1．先行研究：複振り子の振動中心を導出する（「ホイヘンスの法則」）　34
　　振り子とその周期／複振り子の振動中心とホイヘンスの法則
2．本研究：「ホイヘンスの法則」を人間行動のモデルとして実証的に研究する　37
　　目的／方法／結果と考察
3．本研究の評価　41
4．読者のために──コーヒーブレイク──　41
　　　コラム②　生態心理学への招待／44

4章　エントリー・モデル2：追試研究によって成果を共有化する　46

1. 先行研究：他児の泣きに対する新生児の反応　46
   実験1／実験2
2. 本研究：新生児の共感的苦痛　49
   方法／結果と考察
3. 本研究の評価　51
4. 読者のために──コーヒーブレイク──　52

　　　コラム③　感情心理学への招待／54

5章　エントリー・モデル3：時代の変化を検証する　56

1. 先行研究：安全運転の行動を心理学的に追求する　56
   本研究の時代背景／研究の概要／方法／結果と考察
2. 本研究：安全意識の時代差を追求する　60
   本研究の時代背景／調査の概要／方法／結果と考察
3. 本研究の評価　63
4. 読者のために──コーヒーブレイク──　64

　　　コラム④　社会心理学への招待－傍観者による援助行動の生起要因－／66

6章　エントリー・モデル4：文化普遍性を追求する　68

1. 先行研究：向社会的な道徳的判断の発達　68
   目的／方法／結果
2. 本研究：向社会的な道徳的判断の発達の文化差を追求する　71
   目的／方法／結果
3. 本研究の評価　73
4. 読者のために──コーヒーブレイク──　74

　　　コラム⑤　発達心理学への招待／78

7章　エントリー・モデル5：実証された理論を別領域に応用する　80

1. 先行研究：状況に埋め込まれた学習（正統的周辺参加）　80
   正統的周辺参加
2. 本研究：「ちょっと気になる子ども」の集団への参加過程に関する関係論的分析　82
   問題／方法／事例と分析
3. 本研究の評価　87
4. 読者のために──コーヒーブレイク──　88

　　　コラム⑥　教育心理学への招待／90

8章　エントリー・モデル6：実験条件を追加・拡張して検討する　92

1．先行研究：短時間呈示事態での利用可能文字数の発見　92
　　目的／方法／結果／考察
2．本研究：呈示時間条件を拡張して検証する　95
　　目的／方法／結果／考察
3．本研究の評価　98
4．読者のために――コーヒーブレイク――　99
　　シンプルなロジックを立てる／実験方法の考案に頭を絞る

　　　　コラム⑦　認知心理学への招待／102

9章　エントリー・モデル7：成果の適用年齢を拡張する　104

1．先行研究：中学生用5因子性格検査の開発　104
　　5因子性格特性／問題の提起と目的／方法／結果
2．本研究：青年用5因子性格検査の開発　107
　　目的／方法／結果と考察
3．本研究の評価　110
4．読者のために――コーヒーブレイク――　110

　　　　コラム⑧　性格心理学への招待／112

10章　エントリー・モデル8：異なる知見，説明を実証的に統合して解決する　114

1．先行研究：顕在記憶と潜在記憶に関する研究の概略　114
　　顕在記憶，潜在記憶とは何か／顕在記憶，潜在記憶の分類／顕在記憶と潜在記憶の理論的説明
2．本研究：顕在記憶と潜在記憶の理論的解決を統合的に追求する　116
　　ブラクストンの研究／実験のロジック／方法／結果と考察
3．本研究の評価　120
4．読者のために――コーヒーブレイク――　121
　　視点の重要性／まとめ

　　　　コラム⑨　健康心理学への招待／124

11章　エントリー・モデル9：個に接近する新技法を適用する　126

1．先行研究：PAC分析法以前を概観する　126
　　PAC分析とは／PAC分析法以前の研究／事例研究とPAC分析

2．本研究：ＰＡＣ分析法を援用してカウンセリングに生かす　129
　　　　ケースの概略とＰＡＣ分析の利用
　　3．本研究の評価　131
　　　　事例研究への適用と発展／卒業研究での使用例
　　4．読者のために──コーヒーブレイク──　133
　　　　ＰＡＣ分析の実施にあたって

　　　　　　　　　　□ コラム⑩　臨床心理学への招待／135

第3部　ミスを回避するためのレッスン　137

12章　データ収集をめぐる落とし穴　138

　　1．例題1：3歳児をもつ母親の育児ストレス　138
　　2．例題2：出生順位が幼児の協調的行動頻度に及ぼす影響　140
　　3．例題3：大学生の時間に対するルーズさと社会的志向性との関連　142
　　4．例題4：大学生における楽観性と期限付き課題の遅れとの関連　144
　　5．例題5：癒し系音楽の聴取が作業成績に及ぼす効果　146

13章　データ処理をめぐる落とし穴　148

　　1．例題1：推薦入試合格者と一般入試合格者における入学後の成績の比較　148
　　2．例題2：他者の存在が作業に及ぼす効果　150
　　3．例題3：騒音の大きさが作業量に及ぼす影響　152
　　4．例題4：異なる教授法による小学校6年算数の学業成績の比較　154
　　5．例題5：授業内容の難易度と受講大学生の興味・関心との関係　157

14章　データ報告をめぐる落とし穴　160

　　1．例題1：予備調査−小学生低学年児童のイザコザ解決方略の1つにみられる性差　160
　　2．例題2：病院患者の自己開示性行動とソーシャル・サポート源の関係　162
　　3．例題3：心理カウンセラーの専門的成長と向上訓練経験に関する相関的研究　164
　　4．例題4：大学生の学習意欲とカウンセリングの応答技法修得との相関的研究　165
　　5．例題5：メディアへの接触行動が小学生の攻撃的行動に及ぼす影響　167

　　　　　□ コラム⑪　研究発表の仕方2──わかりやすいポスター発表──／170
　　　　　　　　　　人名・事項索引　172

〔編集部注記〕
ここ数年において，「被験者」(subject)という呼称は，実験を行なう者と実験をされる者とが対等でない等の誤解を招くことから，「実験参加者」(participant)へと変更する流れになってきているが，執筆当時の表記のままとしている．文中に出現する「被験者」は「実験参加者」と読み替えていただきたい．

第1部 エントリーのためのレッスン

　研究を発表するねらいは何だろうか。研究を引用するのはなぜだろうか。発表された研究はどう評価されるのだろうか。それらのゴールは，結局，心理学の学術的な共有化と流通を目指しているといえよう。そのノウハウ，すなわち，探し方（情報の収集），読み方（研究成果のチェック），書き方（研究成果の発信）の基礎・基本を1つの流れの中で修得していただくことにしよう。

1章 知の共同体への参加の技法

1 心理学ワールドへの参加と貢献

<small>知へのアプローチ</small>

　わたしたちは,どのようにして知識を学ぶのだろうか。わたしたちは,どのようにして,何かの方法論を身につけるのだろうか。
　ごく日常の生活でいえば,この問いに対する答は,それほどむずかしくはない。「インターネットで調べる」「本を見て調べる」「教えてくれる人を見つける」といった答は,誰もが考える優れた方法の1つである。
　すでに定着した答えを探し出す方が,自分で考えたり,工夫するよりも,はるかに失敗が少ないし,解決へのスピードも早いからである。
　それでは,もっと高度な質問をしよう。もし,そのインターネット情報がまちがっていたら？　本の記述がまちがっていたら？　教えてくれた人の指導が不適切だったら？　これはたいへんやっかいである。この場合のポイントは,ただ鵜呑みにするのではなく,まちがっているかどうかを見分ける力,センス (sense) が必要だということである。これは,メディアリテラシー (media literacy),クリティカル・シンキング (critical thinking),科学的思考法,論理的思考法などの課題でもある。
　では,そこで働くセンスやクリティカルな(批判的な,点検的な,熟慮的な)思考力は,どうすれば身に付くのだろうか？　それには,何よりも経験,つまりは本格的なレッスン (lesson) が重要である。

<small>2つのアプローチ</small>

　以上は,一般的な話である。もしも,あなたが心理学の世界を垣間見ようとするならば,ここでも同様の状況が,2つのステップとして,あなたを待っている。まずは,第1ステップである。たとえば,「わたしは,なぜ,忘れっぽいんだろう」「うっかりミスを避けるには,どうしたらいいんだろう」といった疑問があり,その答えを知りたいとしよう。この答えを心理学の中に求めるのならば,さしあたっては,自分で心理学の

● 表1-1　心理学の成果へのアプローチ（2つのステップ）

ステップ	知的活動
第1ステップ	心理学情報への接触
第2ステップ	心理学情報の内容チェック

本を調べたり，心理学者に尋ねたりすることになる。いまや心理学の本は書店に並んでいる。大学の図書館や心理学科の書架などには，認知心理学，カウンセリング心理学，性格心理学，健康心理学，発達心理学，社会心理学といった専門領域の学会雑誌があるので，それらを閲覧できるかもしれない。以上は第1ステップ，つまり心理学情報への接触のステップである（表1-1参照）。

次の第2ステップは，内容チェックの問題とかかわる。一読して理解できれば幸いであるが，事態はそれほど簡単な場合ばかりではない。むしろ，書いてあることが理解できない場合も多々あるだろう。さらには，ある本の記述と別の本の記述のニュアンスが異なっていることもあるが，この時には，どちらを信じればよいのか当惑することもあるだろう。この当惑を解消するためには，その記述が，どんな方法や論理によって導かれているのかを知る必要がある。これは，心理学的なセンス，クリティカルな思考力と大いにかかわる。

以上のように，心理学的な知へのアプローチについても，情報への接触，内容のチェックという2つのステップが存在する。

情報の源としての研究会・学会

引き続いて，別の角度から話を続けよう。これは，心理学者の成り立ち，あるいはプロフェッショナル（専門家）の世界はどうなっているのかということとかかわる。

現在では，新しく心理学を勉強しようとする者の多くが大学院へ進学する。大学院生になり，本格的な専門の授業に参加する。先輩の研究の実験・調査ボランティアを務める。いろんな研究会に入って勉強する。いろんな心理学会に入会して研究活動を開始する。たとえば，先輩の実験・調査のボランティアをすると，心理学らしいセンスや発想法が，染みこむように無理なく身に付くことがある。しだいに，発想が，それらしくなっていく。心

理学会に入ると，全国規模の研究大会で参加・発表することが許されるので，全国・世界の研究者の発表のようすが実感できる。すでに論文や専門書で読んだ内容が，研究者の語り口とともに情意的にも再確認できる。「心理学研究」「*Japanese Psychological Research*」といった学会の専門雑誌が郵送されてくるので，居ながらにして最近の動向の一端が伺える。学会によっては，このほかに，ニューズレターが送られてきたり，ワークショップが開催されるので，具体的に専門的なスキル・トレーニングができる。同じ関心をもつ人たちと時空を共有できることも楽しめる。要するに，ここでなされるのは，心理学研究の交流と共有化である。提案と普及である。いま何が話題になっているのか，何が明らかになったのか，何が誤りであったのかなどがわかる。

　研究会や学会で発表された研究報告は，たびたび，別の人たちによって批判されたり，支持されたりする。そして，やがては，それが知的な共有財産として公認されていく。この世界で重要なことは公認の手順であって，公認には心理学的な手続きや論理展開を備えていることが条件の1つになる。しかも，こうして認められた知見も永久のものではない。次々と発表される研究報告によって，いつでも書き換えられる余地を残している。このような世界の住人が研究者である。研究者は学術的な専門家集団を形成している。

|専門家集団|　以上は，アマチュア（amateur 素人，初学者）とプロフェッショナル（professional 専門家）の違いと言い換えることもできよう。この違いを意図的に強調すると以下のようになる。|

　アマチュアの立場からみれば，プロの世界は難解で取りつく島がない。もっと，最新の成果をわかりやすく提供してほしいと感じる。なぜなら，アマにとっては，実用的なノウハウが増え，知識が豊かになることは喜ばしいことだからである。生活に役立ち，教養が豊かになり，さらには社会にはびこる迷信や偏見を力強く排除し文化的な生活を営む源にもなると信じるからである。

　他方，プロの立場からみれば，大きく2つの視野が広がっている。その風景は必ずしもアマとは同じではなく，また必ずしも相容れる視野ではない。時にはジレンマになっている。その1つは，アマチュアの世界への情報提供という

視野である。これは，社会に何らかの貢献ができる成果こそがプロの目指すべき方向であり，そこに存在意義があると考える方向である。＜アマの要請，期待に応えることのできない研究とは何のための研究か＞＜これは閉じた研究にすぎないマニア，カルトの一種ではないか＞＜手段と目的とが混同してしまっているのではないか＞という問いかけに対する解答である。プロの陥りやすい袋小路は確かにあるので，立ち止まり振り返るには，これは重要な視座である。

　プロのもつもう1つの視野は，プロどうしが構築する学術的な共同体へのまなざしである。実際，不備のある手続きから得られた軽率な結論は，しばしば知的な共有財産の蓄積化の努力を破壊する。ある人がAという成果を見出して公表する価値はどこにあるかを考えてみればよい。それによって，まず，時間と経費のむだが省けるだろう。Aが認められた後には，もはや，多くの誰かがAを追求する必要がなくなる。さらに，誰かがAを前提にして新しくBという次の研究段階へと進むことができる。これは1人のプロが，独自にA→Bという研究成果を蓄積するよりもはるかにスピードが早い。学会や研究会が，知的な共同体であり，学術的な専門家集団であることの価値はそこにある。研究情報の交流や共有の意義はそこにある。

　ただ，この共有化は簡単ではない。他者の成果を信じるかどうかにかかっているからである。そのために，心理学的な手続きの適切さ，論理展開の適切さ，専門用語による概念の明確さが問われるのである。心理学の成果が，いわゆる噂や世間の評判と違うのはそこである。しかしながら，学術的にみて厳密さを求めれば求めるほど，それが日常から離れた閉じた研究になるのが常であり，アマには，この部分がわかりにくいのである。さきに，プロのもつ2つの視野が，必ずしもアマとは同じではなく，また必ずしも相容れる視野ではないと述べたのはこういうことである。

　結局，アマがアマのままでプロの世界を垣間見ようとするのは容易ではない。けれども，プロの世界で共有された成果に，思い切って接近し，正面から学ぼうとするならば，その糸口は確かにある。第1に心理学的なセンスや論理展開に馴染むこと，第2に誤解を避けるために専門用語に親しむこと，これが垣間見るポイントであり，心理学の扉を開く鍵である。

② 卒業論文研究の進め方

Aさんの卒業論文構想発表

Aさんは大学4年生である。Aさんは3年生の専門科目「心理学演習－観察法」の履修がすんでからも、しばらく幼稚園に観察に出かけていた。ある時、幼児たちの会話の中で、「あーりがとさーん」という語が頻繁に発せられることに気が付いた。そして、まもなく、それが木曜日夕方のあるテレビ番組に出てくる流行語だと知った。多くの幼児が、その番組を見ていたのである。Aさんは、テレビが子どもの遊び場面の会話にずいぶんと影響を及ぼしているのだなと思い、これを卒業論文としてまとめようと考えた。そして、構想発表会で以下のような概略（resume レジュメ）を発表した。

[題目]　幼児の遊び仲間づくりに関する一研究

　私は、「心理学演習－観察法」以来、幼稚園へ行動観察に行っている。子どもたちと遊んでいるうちに、園内で、「あーりがとさーん」という語が流行していることに気づいた。……（中略）……。しかも、よく見ると、「あーりがとさーん」は、遊び仲間の間でだけ発せられているが、遊び仲間ではない幼児どうしのやりとりでは、ほとんど出てこない。「あーりがとさーん」という語は、あるお笑いのテレビ番組で出てくる語で、そのテレビ番組を視聴している幼児たちがまねをして遊んでいるのである。「あーりがとさーん」という語は、遊びの仲間集団を強固にする効果があるではないだろうか。

　本研究では、あるテレビ番組の流行語「あーりがとさーん」が遊び場面で生起するのに対し、そのテレビ番組を視聴していない幼児の遊び場面ではその流行語「あーりがとさーん」が生起しにくいことを明らかにしようとした。

　調査対象者は、市内の某幼稚園「ばら」組年長児である。……（中略）……。a，b，cという大きな3つの遊びグループに着目して、幼児の遊び行動を観察した。そして、遊びグループ内で「あーりがとさーん」という語が生起する回数を数えた。いちばん多かったaグループと、これらの遊びグループに入っていない幼児たちに着目して、彼らに対する聞き取りをおこなって、「あーりがとさーん」のテレビ番組を視聴しているかどうかを確認した。

　聞き取りの結果であるが、遊び仲間（aグループ）では80％の幼児が、そのテレビ番組を視聴していた。これに対して遊び仲間が成立していない幼児たちでは25％の視聴率であった。以上のことから、「あーりがとさーん」を使って遊ぶ幼児は、テレビ番組を多く視聴していることがわかった。近年は、友だちと遊べない子どもたちが増えている。子どもはお話が好きなので、家庭や幼稚園でいっしょにテレビやビデオを視聴することによって、

遊び仲間を増やしていく働きかけをしていくことが必要であると思う。
（注：この報告は意図的に欠点を含めて創作したレジュメであることに注意せよ。）

　これは，高校生の調べ学習の体験レポートのようなものである。こんな風に作文や感想文のように書くと，読む人は読みにくい。最後まで読み続けるにも努力が必要である。読み進める中で，いろいろな疑問がわいてきて，なかなか最後まで到達できない。書く方にしても，うっかりと，重要な点を書き漏らすことも出てくるので不十分な報告である。もっと，すっきりとしたスタイルで，まとめることはできないだろうか。

　構想発表会で出たであろう疑問のほんの一部を箇条書きすると，たとえば以下のようになるかもしれない。

①調査した時期はいつなのか？
②観察したのはだれなのか？
③80％，25％の視聴とは，それぞれ何名なのだろうか？
④どうして，「あーりがとさーん」という語を使って遊ぶ幼児は，テレビ番組を多く視聴していることがわかるのか。結論づけの論理がおかしい。
⑤書かれた内容が非常にわかりにくいので，書くスタイルを工夫してほしい。
⑥Aさんの意見・考察と，現場で見た事実との区別がわかりにくい。
⑦研究題目は目的にぴったりと一致しているだろうか？

　そこで，これらの助言に基づいて，これをもう少し書き直してみたのが次である。必ずしもよい修正がされているとはいえないが，多少は改善されている。

Aさんのレジュメ改訂版

　助言に基づいて書き直しを試みたところ，以下のようになった。

［題目］　テレビ番組の視聴が幼児の遊び仲間づくりに及ぼす影響
［問題と目的］
　幼児は，遊びを通じて，語の効果的な運用や問題解決の方略を学んでいく。語彙数は家族や幼稚園の友だち，テレビ番組の視聴などを通じて爆発的に増えていく。したがって，同じテレビ番組をみている子どもどうしは，遊び仲間になりやすく，いっしょに共通の語を使って遊んでいるのでないだろうか。本研究では，遊び仲間の間では，あるテレビ番組の流行語「あーりがとさーん」を使うのに対し，異なる仲間間の会話にはその流行語「あ

第1部　エントリーのためのレッスン

1章　知の共同体への参加の技法

ーりがとさーん」が生起しにくいことを明らかにしようとする。
[方法]
　調査対象者：市内の某幼稚園「ばら」組年長児28名（男児13名，女児15名）である。
　調査時期：○年6月3日〜7日の午前中である。
　手続き：幼稚園内で，遊び場面の行動観察を行なった。さらに，テレビ番組について視聴しているかどうかの聞き取り調査を行なった。まず，観察と担任への聞き取りによってa，b，cという大きな3つの遊びグループに着目した。a，b，cのグループについて月曜日から金曜日までの毎日1時間ずつ行動観察を行ない，遊びグループ内で「あーりがとさーん」という語が生起する回数を数えた。月曜日から金曜日までの3グループ全体の生起数を求め，グループ内1人あたりの一日の平均発話数を算出した。その結果，aグループ，bグループ，cグループの順となった。そこで，aグループの幼児たち（仲間グループとよぶ）に聞き取りを行ない，またbcグループ以外の活発な幼児たち4名（非仲間グループ）に対しても聞き取りを行ない，「あーりがとさーん」のテレビ番組を視聴しているかどうか確認した。
[結果]
　聞き取りの結果，仲間グループ（aグループ）では5名中4名の幼児が番組を視聴していた（80％の視聴率）。これに対して非仲間グループでは，4名中1名しか視聴していなかった（25％の視聴率）。以上のことから，「あーりがとさーん」を使って仲間づくりをして遊ぶ幼児は，同じテレビ番組を視聴していることが明らかになった。つまり，幼児は，同じテレビ番組を視聴することによって，遊び仲間になるということである。
[考察]
　近年は，友だちと遊べない子どもたちが増えている。子どもはお話が好きである。したがって，家庭や幼稚園でいっしょにテレビやビデオを視聴することによって，遊び仲間を増やしていく働きかけをしていくことが示唆されるだろう。

（注：この報告は意図的に欠点を含めて創作したレジュメであることに注意せよ。）

　どうだろうか。このほうが読みやすいスタイルになっているだろう。目的，方法，結果，考察と見出しを付けたので，要点が整理できた。手続きについても詳しく触れたので，前回よりも話がたどりやすくなった。このような書き方のスタイルについては，第2章をみてもらいたい。それでも，まだ，以下のような疑問は残してはいるが…。
①図表があったほうがわかりやすい。
②聞き取り調査の手続きはどうしたのだろうか。
③観察手続きがわかりにくいので追試しにくい。
④Aさんは仲間グループ（aグループ）の視聴率80％と非仲間グループの視聴

率25％ではａグループの方が視聴率が高いとしているが，この結論は偶然によるミスリードということはないだろうか。
⑤Aさんは，「あーりがとさーん」を使って遊ぶ幼児は，テレビ番組を多く視聴していることが明らかになったとしているが，その結論にいたる論理展開は不適切である。たとえば，テレビ番組をみなくても，遊びの中で覚えるということがあるだろう。
⑥確か３年前に，テレビの暴力番組を視聴すると幼児の暴力的遊びを促進するという卒業論文があった。それとの類似点はあるのだろうか。

以上の疑問は全体の一部である。ただ，疑問は疑問としても，さっきよりも少しは書き方が簡明になったので，よい意味で詰めるべき点が浮き彫りになってきたといえよう。そこで，この①②③などは，以下の２章をみて，よくレッスンをしてもらいたい。④⑤については，12章，13章，14章でトレーニングを重ねると心理学的センスがつくだろう。⑥の解決には，３章から11章までのノウハウを修得するとよいだろう。

知へのアプローチ再考　Aさんの研究について考えよう。さきに知へのアプローチには，第１ステップとして心理学情報へ接触すること，第２ステップとしてその内容をチェックするという手順を踏むことが重要であることを述べてきた（p.3）。この作業は，Aさんが研究をまとめる時にも重要であるので図示して説明しよう。

　図1-1の下部には，本研究（Aさんの研究）の現在位置が示されている。四角の枠の中には，学会や研究会という心理学の共同体が認めた学術的な共有財産（研究成果）が蓄積されている。この図は大学の卒業論文指導会や，大学院の修士論文指導会などでもよく見かける，かなり公認されたイメージである。

　いま，Aさんの卒業論文の成果を，この学術的な心理学共同体の共有財産（つまり枠内のプラットホームへのエントリー）として含めるように提案したいとしよう。発表するとはそういうことなのであるが，そのためには，何が必要になるのだろうか。

　まず第１には，先行研究とAさんの研究との２つの間で，心理学の体系の中

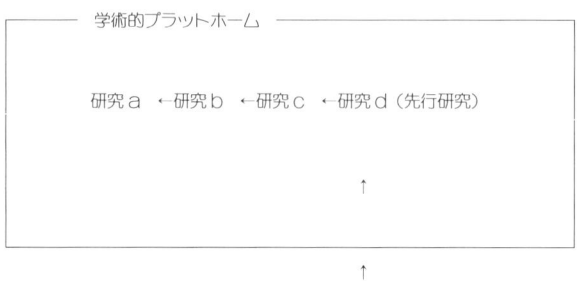

●図1-1 心理学の学術的な共同体へのエントリー・モデルの一例

の相互の位置関係を明らかにする必要があるだろう。たとえば、研究d（先行研究）の調査対象が小学生と中学生に関する成果であったとしよう。もしもAさんの研究が研究dと同じ方法でなされていて、しかも調査対象が幼児であったとしたらどうだろうか。そのとき、Aさんの研究は、研究d（先行研究）の成果を一般化・補強したものになるだろう。研究dとAさんの研究の2つを論理的に総合して考察すると、従来の研究dの成果はいまや幼児から中学生にまであてはまると考察できるかもしれない。もしも別の研究者が、今度は一度に幼児から中学生までを調査し再確認したならば、その考察はさらに強固な成果になるだろう。

もしAさんの研究が、研究dとまったく同じであったらどうだろうか。もし、研究dの成果がまだ再確認されていないとしたら、そのときには、Aさんの研究は、研究d（先行研究）の成果を保証することになる。これを追試研究による「跡づけ」「再確認」というが、追試研究によって研究dは保証された、つまり裏付け捜査がなされた（「ウラを取った」）のである。

エントリーの失敗 もちろん、これら以外の場合もある。いくつかを順に述べよう。第1に、Aさんの研究手続きや論理展開に不適切な面があったなら、どうなるだろうか。この場合には、Aさんの成果は疑わしいものとみなされる。ふつう、心理学の知的共有財産の中には含まれない。

第2に，この研究dが別の研究者によって再確認されているのに，Aさんが報告したらどうだろうか。このとき，Aさんの研究は，新しい知見を共同体に対して付与していないという理由で，学術的にはほとんど価値がない。

　第3に，Aさんが研究dを無視して独自に発表したとしたらどうだろうか。この場合は，Aさんが無知であったか，研究論文を読む能力が劣っているか，盗作をしたか，いずれかとみなされる。それが新入者の無知からくるものであるならば，一度は許されるかもしれないが，Aさんに対する信用度は低くなるだろう。それがたびたび続き，改善のきざしが見られないならば，それが能力からくるものであれ不注意からくるものであれ，Aさんが学会や研究会のメンバーとして認められることはむずかしい。理由は簡単である。このような発表が増加するならば，知の共有財産は未整理で混沌とした状態になるからである。

　もし意図的に研究d（先行研究）を引用しなかったとしたらどうだろうか。これは最悪の例である。この場合には学会や研究会のメンバーとして認められない。この行為は，知的な成果が学術的な共同体の共有財産であるという根幹を破壊する行為だからである。

　これで，なぜ，第1ステップとして，「心理学情報への接触」（p.3の表1-1参照）といった文献研究が必要なのか明らかになっただろう。また，第2ステップとして「心理学情報の内容チェック」（表1-1参照）という知見の方法論や結果のチェックが必要なのかが明らかになっただろう。

　なお，第4の例をあげておこう。もしも，この場合，Aさんが，学会や研究会をまったく意識しないで研究を進めたとしたらどうだろうか。Aさんの成果は誰とも共有されない。つまり，個人的な勉強，趣味ということになり，エントリーとは無関係となる。

③　何をトレーニングするか

トレーニング・メニュー

　学術的な心理学共同体の中へとエントリーするためには，基本的なモデルあるいは方略がある。表1-2を見てみよう。

　ここに書かれているのは，すでに表1-1で紹介した心理学へのアプローチと，図1-1で述べたエントリー・モデルの手順とを統合したものである。

●表1-2　共有化を意図した心理学へのアプローチ

第1ステップ：心理学情報への接触（研究情報の収集）
1）関心テーマに関わる研究方法を理解し，使えるようにする
2）関心テーマに関わる専門用語を理解する
3）関心テーマに関わる研究成果の到達点を知る
4）関心テーマに関わる研究成果の課題・問題点を知る

第2ステップ：心理学情報の内容チェック（研究成果の自己チェック）
1）関連する研究群の中に自分の研究計画を位置づける
2）特定の先行研究と自分の研究の相互関係を規定する
3）研究を実施する
4）実施した研究結果を分析し，先行研究との相互関係を再点検する

第3ステップ：研究成果の発信
1）正確に記述する
2）発表する
3）知的な共同体からの評価に基づき次の計画を立案する

　大きくは表1-2にあるように，3つのステップからなると考えればよい。最初は，心理学情報への接触，研究情報の収集のステップである。要するに，今どうなっているのかを知ること，つまり現状分析である。ここでの目標は，専門用語と研究方法を理解し，これをエントリー・カードとして使って，心理学共同体の財産の中から研究成果の到達点を知り，問題点や限界を読みとることにある。この読みとりのスキルは一度には上達しない。少しずつ巧みになっていくものである。そのためには，以下に続く2つのステップを経験すること，つまり個人経験を基礎として他者の論文を読み解くレッスンを積むことである。
　第2のステップは，心理学情報の内容チェック，研究成果の自己チェックのステップ，つまり，自分の研究の位置を確認することである。先行研究群の到達点と今後の課題の中から，自分の研究計画を位置づける。そして，特定の先行研究と自分の研究計画との相互関係を規定してしまう。要するに，何か役立つのか，貢献できるのかを自己点検することである。これは少なくとも研究前に行ない，研究後にも行なう。ここで留意すべきは，どのような心理学的な研究方法を採用するかである。よく使われる方法には，観察法，質問紙法，実験計画法，面接法，検査法などがある。どの方法を採用するかは，テーマによって異なるが，もちろん先行研究との関係でおのずと決まることもあるだろう。
　第3のステップは，「研究成果の発信」のステップである。先行研究と発信す

る自分の研究とを,明確に相対化して,心理学研究の流れの中に位置づけることが必要である。そのためには,文献研究の整理,図表の表現方法,統計解析の習熟,適切で明快な論理展開のレッスンが必要になる。

本書でレッスンすること

まず,第1部の2章では,心理学論文の探し方,読み方,書き方を扱う。これは,第1ステップと第3ステップの部分である。「1 論文の収集と文献研究」では論文の構成や作成上のヒントや留意点を解説する。第2ステップの部分は,「2 論文の批判的読み方」の箇所でノウハウを解説していく。

3章から11章までは,先行研究と本研究の相互関係の取り方を例示した。これは第2ステップの部分にあたっており,本書の大半のページはこのために費やされている。これは,図1-1（p.10）でいえば,「先行研究d←本研究（Aさん）」の部分に相当する。その一覧を表1-3に示す。

3章では,理論を実証化した論文を例示する。まだ実証されていない理論的研究を,具体的に実証的研究として実証化する例である。

4章では,発表された新しい研究を先行研究と位置づけ,それについていちはやく追試研究を行なった論文を例示する。これによって,他の研究者の研究実施上の重複を避けることができるし,また,先行研究が確かであるかどうかを定めることによって,学会全体の研究のスピードを加速することに貢献できる。

5章では,過去に報告された先行研究を現代的に再チェックする。これによ

●表1-3　本書でレッスンするエントリー・モデルの一覧

章	エントリー・モデル	先行研究と本研究の関係
3章	理論の実証	データのない理論を実証する
4章	追試	先行研究を再チェックする
5章	時代差	現代的に再チェックする
6章	文化的検証	異文化で一般化する
7章	異領域への拡張	別領域,別ジャンルで一般化する
8章	条件の拡張	同一パラダイム内で一般化する
9章	適用年齢の拡張	調査対象の年齢を一般化する
10章	実証的な統合	矛盾を実証的に解決する
11章	技術的な改良	新技術により再チェックする

って，今日的な意味づけ，あるいは時代的な変化をみる。

6章では，先行研究を支える文化的背景に着目して，同じ成果が別の文化的背景における研究でも成立するかどうかを再検討する。先行研究の文化的な一般化を調べる。

7章では，異領域への拡張を扱った論文を例示する。別領域，別ジャンルに転じての成果の一般化をみる。

8章では，条件の拡張を扱った論文を例示する。先行研究の課題・条件をさらに同一パラダイム内で一般化できるかどうかをみる。

9章では，適用年齢の拡張を扱った論文を例示する。先行研究の対象年齢を他の対象年齢に拡大して再検討し，先行研究の成果をより一般化する。

10章では，混乱する多くの先行研究群の流れに対して，新しい視点から整理して実証的に研究を行なって解決する。

11章では，従来の先行研究群による研究方法に対して，新しい改良的な分析方法あるいは技術によって再検討する事例を例示する。

以上のように，本書では，3章から11章までを使って，9つのエントリー・モデルを例示する。公刊された研究論文のかなりが，この9つのエントリー・モデルのいずれかにあてはまるはずである。これらのエントリー・モデルに習熟することによって，心理学的なセンス，心理学的な思考法が育成されるだろう。なお，これら9つのエントリー・モデルは，本書の読者のために意図的に単純化してまとめてある。また，本来は本書のエントリー・モデルとは無関係に発表された研究である。したがって，レッスンを終えたならば，ぜひ，原論文にあたっていただくことを強く勧める。

なお，各章でも触れるが，本書とは別に，本格的な入門書として以下のものをあげておくので，参考にするとよいだろう。研究レポートの書き方としては，B.フィンドレイ(1993)，などがある。研究法としては，本シリーズとして，『心理学マニュアル観察法』『心理学マニュアル質問紙法』『心理学マニュアル面接法』『心理学マニュアル要因計画法』がある。

次に第3部について略述しよう。第3部では，12章，13章，14章の3章を使って，アマが陥りやすいデータ収集段階のミス，初歩的な統計処理の混乱，論理展開の不適切さのレッスン課題を用意した。これは，第2ステップ (p.12)

の内容チェックのレッスンと密接にかかわっている。広義には，第1，第2，第3のすべてのステップともかかわるだろう。なお，これらの事例はレッスンのために概要になっていて，しかもすべて架空の研究例であり，いずれも意図的に不適切な箇所を含めた研究例になっている。くり返し読んで，心理学的なパワーを育成してほしい。

引用文献

Findlay,B. 1993 *How to write a psychology laboratory report.* Prentice Hall of Australia. 細江達郎・細越久美子（訳） 1996 心理学実験・研究レポートの書き方 北大路書房
後藤宗理・大野木裕明・中澤 潤（編） 2000 心理学マニュアル要因計画法 北大路書房
保坂 亨・中澤 潤・大野木裕明（編） 2000 心理学マニュアル面接法 北大路書房
鎌原雅彦・宮下一博・中澤 潤・大野木裕明（編） 1998 心理学マニュアル質問紙法 北大路書房
中澤 潤・大野木裕明・南 博文（編） 1997 心理学マニュアル観察法 北大路書房

2章 心理学論文の探し方，読み方と書き方

　研究とは，論文を集め，読み，それらを参考に自分の研究計画を立て，実験や調査を実施し，それを論文としてまとめる過程である。本章では，この研究の過程における論文にかかわる部分について述べる。

　卒業論文・修士論文は，学生・大学院生としての学習の成果の総まとめであると同時に心理学研究の進展に寄与する機能をもつ。特に心理学の研究は，他の領域と異なり，研究に協力してくれる多くの被験者を得てはじめて実施できる。遊びを中断して実験に協力してくれる幼児や，授業時間を割いて協力してくれる児童・生徒や教員，家事や仕事に疲れた後に協力してくれる主婦や勤労者の事を考えれば，その協力をむだにすることなく，しっかりとした実験や調査を行ない論文としてまとめることは大切な義務である。

　したがって，十分な文献研究を行なわず，結果もわかり切っているような研究を行なうことは，自己満足にこそなれ，学問的にはむだである。卒業論文といえども，多くの被験者の協力に応え，学問的にも意義のある可能な限りオリジナリティのある最先端の研究を行なうために，きちんとした研究計画を立て，少しでも心理学研究の進展に寄与するよう努力することが重要である。

1　論文の収集と文献研究

　研究の出発点は，テーマを見つけるところにある。テーマとしては，授業で紹介されたり，自分で本を読んだりした中で関心をもった研究や現象をさらに検討しようとすることが一般的であろう。しかし，人間を扱う学問である心理学にとって，日常生活の中にもまだ学問的な検討のなされていない多くのテーマがあるはずである。ただし，日常生活の中で不思議に思う事柄でも，すでに学問的に検討され，ある程度解明されているかもしれない。そのことを確認するためにも，またテーマに関する最先端の知見を知る上でも，まず，文献研究を行なう必要がある。

文献研究の大きな目的は，そのテーマの学問的な位置づけ（mapping）をすることにある。具体的には，そのテーマはどのような心理学の領域の，どのような研究として位置づけられるのか，また，その問題は，どのような研究を出発点にして発展し，今自分が取りあげようとする問題へとつながってきたのか，さらにその問題が究明されることにはどのような学問的・社会的意義があるのかを理解することにある。

　位置づけを行なうためには，関心のある領域の概論書から読み始め，かなり関心のある事柄が焦点化されてきたら，その事柄を取りあげた展望論文(review paper)を見つけ読むことが近道である。展望論文とは，あるテーマについての重要な研究論文（research paper）を取り上げ紹介しながら，研究の動向や問題点を指摘するものである。わが国では，「心理学評論」「教育心理学年報」「児童心理学の進歩」が展望論文を中心として掲載している。また，その他多くの学会誌も実験論文以外に展望論文を掲載している。海外の展望論文掲載誌の中では Psychological Review, Psychological Bulletin, Annual Review of Psychology が著名であるが，その他各領域ごとに多くの雑誌が発行されている。

　展望論文を読んで，関心のある論文が見つかれば，その論文やそれにかかわる論文を読む。また，その後の研究の展開を知るために，関心のある研究を行なっている研究者の最新の論文についても読む必要がある。特に修士論文では最終的には自分自身で展望論文が書けるくらいに論文を読み重ねておく必要がある。　論文の収集についてはインターネットの発展できわめて容易になった。国内論文については，各学会のホームページで学会誌の掲載論文の題目や要約が掲載されている。また，いくつかの学会誌についてはボランティアにより題目一覧が作成され利用可能になっている。これらについてはブラウザーの検索機能を用いて自分の関心のある事柄のキーワードや，研究者名で検索すれば，ある程度有効に論文を探すことが可能である。また，比較的入手しにくい学会発表論文集についても，国立情報センターの電子図書館サービスを利用すれば入手可能なものも多い。海外の論文の検索はアメリカ心理学会(American Psychological Association：APA)のPsycINFOが最も有用である。PsycINFOの検索キーワード集としてAPAのシソーラス (American Psychological Association, 2001a)が参考になる。また，APAのPsycARTICLESにより，インターネット

(http://www.apa.org)を通してAPAの学術雑誌論文の全文が入手できる（ただし，学会員に限る）。

② 論文の批判的読み方

　研究論文(research paper)を収集したら，次はそれらを読むことになる。我々は，活字になっているものを信用しがちで，その内容にあまり疑問をもたないことも多い。特に学会誌に載っている研究論文ともなれば，まちがいが書いてあるはずはないと受け入れてしまいがちであり，批判の余地がないと思いがちである。しかしながら，批判なしには研究は進展しない。ここでは，初心者にとって有効な，研究論文の批判的読み方（critical reading）について述べる。慣れてくればここで述べるノートにとりながらの読みをいつも行なう必要はない。習熟した研究者はこのような読みをメンタルなレベルで行なっている。

　まず市販のノートを1冊準備して，これを論文ノートとしよう。新しい頁のはじめに，これから読もうとする論文の著者名（共著論文の場合は執筆者全員の名前を），発行年，タイトル，雑誌の名称，巻，頁（論文の最初の頁と最終頁）をきちんと書いておこう。後述するように論文の文献欄はこれらの情報をこの順で書くのが一般的であり，それを習得しておきたい。

　いよいよ論文を読むことになる。一般的に心理学の研究論文は，タイトル，著者名，要約，問題，方法，結果，考察，文献，附録という順で書かれている。

| タイトル | タイトルはその研究の内容を究極の形で要約したものである。まず，タイトルだけを読み，タイトルからその研究が何を問題として，どのような被験者を対象に，どのような研究法を使ってその問題を解明しようとしているかを考えて，ノートに書き出してみよう。特に，その領域に不慣れな場合にはなかなかイメージも沸かないかもしれないが，いくつかの論文を読むにつれしだいにその内容が推測できるようになるだろ |

う。
　この推測が正しいかどうかをこれ以降，論文を読み進めながら確認していくことになる。

② 論文の批判的読み方

　次に，このタイトルから，問題の内容をより詳細に推測して，ノートに書き出してみる。たとえば，どのような論文が引用されるだろうか（これも初めての領域の場合は当然まったくわからないだろうが，いくつか読むと定番的に引用される論文があることに気づくようになるだろう）。またどのような論理で，何が問題とされるのかについて，自分が論文を書くのならどのように書くかを推測してノートに書き留めておく。

|問題|　次は問題の部分である。問題は，なぜそのテーマが重要なのか，それについての歴史的経過や何がどこまでわかっていて何が明らかになっていないかが述べてある。またそれをふまえて立てられた研究上の仮説や予測等も述べられる。|

　問題を読み，そこでストップしよう。タイトルを読んだときに推測した問題の内容と実際の内容がどのくらい合致するかを確かめてみよう。予想した研究は引用されていただろうか。問題の論理は納得できるものだったろうか。また，仮説や予測は妥当と思われただろうか。もし自分の推測した問題の展開と実際の論文の展開が類似していればよいが，そうでなかったときにはどこが異なっていたのか，なぜなのか（たとえば，自分の知らなかった領域の研究に基づいた仮説がなされているようなこともあろう）を考えてみよう。そのようなことについてもノートに記録しておくとよい。

　次に，問題に述べられている問題意識や仮説などをもとに，自分なりに方法を推測しノートに書き出してみよう。被験者はどのような人を何人くらい使うだろうか，手続きは観察法か，面接法か，質問紙法か，実験法か，測度は何か，得られたデータに対してどのような分析法を用いるのか。

|方法|　方法は，問題で論じた事柄を検証するために，被験者，材料，手続きを述べるところである。ここでも方法を読んだらそこでストップしよう。　問題を読んだときに推測した被験者や手続き，測度は実際の論文と一致していただろうか。一致していなかった場合，自分の推測より論文のやり方の方がよいだろうか，それとも自分の推測の方がよりよい方法ではないだろうか。自分が考えていなかったような条件群が設定されてい|

たり，分析方法が採られたりということはなかっただろうか。自分の考えたやり方，測度，条件設定と論文のやり方のどちらがなぜよいのかをノートに書き留めておこう。

　さて，方法を読むことで論文の執筆者が行なった研究の方法がわかったわけだが，その方法で測定される測度に対してどのような分析が行なわれるのだろうか，また，どのような結果が予想されるだろう。仮説通りに結果はなると思うか，仮説通りになるとしたら結果はどのようなグラフに描けるかを，この段階で予測し，ノートに書いてみよう。

結果　結果は収集されたデータを整理し分析し提示するところである。結果は平均値や標準偏差などを表示した表や，それらをグラフ化した図によってまとめられることが一般的である。特に表になっている場合は，自分で表の数値をグラフに描いてみると理解しやすくなることが多いので，積極的に行なってみるべきである。結果を読み終わったらまたそこでストップしよう。

　方法を読んで立てた分析法と一致していただろうか。また，結果の予測グラフは，実際の結果のグラフの表現（たとえば縦軸や横軸の設定など）と一致していただろうか。不一致だった場合は，どちらの分析法やグラフ表現が適切であるのかを考えてノートに記入しよう。

　結果の中で，最も重要なところはどの部分だろうか。また結果それ自体は論文の著者が問題で立てていた仮説や予測に一致していただろうか。一致していれば，自分ならこの結果からどのような結論を下すかをノートに記入しよう。また，結果が予測と不一致だった場合，自分が著者であったらその不一致をどのように説明するかをノートに記入しよう。そして，これらの結果から何が言え何が言えないのかをまとめてみよう。これは，次の考察で書かれる内容の推測をすることになる。

考察　考察は，今までの理論や研究の結果と対比させながら，得られた結果から問題でのべた疑問を解明できたかどうか，また，さらに明らかになった問題点は何か，この研究からまだ解明できなかった事柄や研究の限

界などを述べ，この研究が理論や概念，問題の解明にはたした役割を述べるところである。考察を読み，結果を読み終えた時点で推測した考察の予測と対比させてみよう。自分とは異なる視点からの考察が行なわれているだろうか，あるいは，自分の指摘した重要な観点を著者が見逃していることはないだろうか。

最後に

このような批判的な読み方をすれば，通りいっぺんに読むときよりもはるかに深い理解がなされるだろう。また，著者が見逃している面が見つかったり，異なる結論が言えるかもしれない。最後に，このような批判的な読解をふまえて，もし自分がこの研究を元により発展させるとしたらどのような研究を行なうかを考えて，簡単に，問題と目的，方法，予測される結果をノートに書いてみよう。そうすることによってもうひ

とつ深い理解がなされるだろう。

論文を読むに当たって

論文を読むときに，わからない術語や概念が出てくることがあろう。心理学事典を1つ準備しておくとよい。また，論文を読みとるためには，問題や考察で引用されている論文を見ないとよくわからないという事もあろう。その場合には積極的に引用論文を入手し読んでみる必要がある。論文は多くの研究論文の蓄積の上に書かれるものであり，文献欄を手がかりに元へ元へと引用文献を辿ることも研究の流れを知る上で重要なこ

とである。

③ 論文の書き方

最後に，卒業論文や修士論文の場合を想定して論文の書き方を述べる。学術雑誌への投稿論文を執筆する場合は，各学会が定めた執筆要領があるのでそれを参考にされたい。国内的には日本心理学会の手引き（日本心理学会，1991）に従うものが多いが，国際的にはアメリカ心理学会のマニュアル（American Psychological Association, 2001b）に従うものが一般的である。英文論文を書く場合は，APAの論文作成ソフト，APA Style Writer（American Psychological Association, 2001c）が便利である。またシュワーブ・シュワーブ・高橋（1998）

は英語論文や英文要約を書く上ではもちろん,論文執筆に対する考え方についても多くの示唆を与えてくれる。

　さて,論文を書く上で最も役立つのは,論文を読むことである。実験や調査を開始するまでに多くの論文を読んでいるであろう。それらの論文の書き方や論の進め方は,初心者が論文を書くにあたって,大きな参考になるはずである。

　論文を書くときの基本的留意点をあげてみよう。何より科学論文として最も重要なことは「正確さ」である。研究方法の適切性を検討したり,追試による検討が可能となるように,方法や分析結果を正確に述べ,予想にあわない結果もそのままきちんと書く。「明瞭性」や「簡潔性」も重要である。曖昧な表現や多義的な表現を避け,文章はできるだけ短くすべきである。内容理解をうながすために,「わかりやすさ」も重要である。そのためにも,図・表を用いる。統計的検定は共通の理解の基盤となる。そして,なによりも科学論文の重要な要素として,「論理性」,すなわち筋道を通した論理的な展開が重要である。簡潔で論理的な文章については,木下（1981）が参考になる。

論文執筆までの準備

　研究をするために読んだ論文や論文ノート,データの一覧や分析結果,それらを基にした図や表のラフな下書きなどを用意しておく。ここでは,ワープロソフトを用いる場合を想定する。問題,方法,結果,考察それぞれで書くべき事,書けそうな事をその都度入力しておく。なお,入力するごとに必ずバックアップを取っておくこと。ハードディスクの故障はいつ生じるかわからない。

表題

　表題は,それだけで内容を察することができるものとし,抽象的・一般的な題は避ける。また,「～に関する一研究」などといった卑下した表現も避ける（わざわざことわらなくても一研究であるのはあたり前である）。具体的には,タイトルから,①主題（キーワード）,②対象,③方法の３つが推測できるように構成するとよい。場合によっては副題をつけてもよい。疑問文の形をした題も,何が問題かを明確に示すことになるのでよい。表2-1に論文表題の例を示す。

③ 論文の書き方

●表2-1 論文の表題例

- 言語一致訓練 (3) における幼稚園児 (2) の日常生活の改善 (1)
- 視覚的探索における注意方略 (1) の知識と行動 (3) の発達 (2)
- 幼児 (2) の対人スキルと社会的情報処理能力 (1) の横断的縦断的研究 (3)：物の貸し借りをめぐって
- 幼児 (2) は事象の知識をどのように構成するか (1)：スクリプトの実験的形成 (3) とスクリプトの記憶への有効性
- 幼児 (2) は物の二面性を理解できるか (1) 見かけと本質課題 (3) と社会的役割課題 (3) による検討

(1) は主題，(2) は対象，(3) は方法をそれぞれ推測させる部分である。

問題 問題では，以下の点について書く。

① なぜそのテーマを選んだのか。卒業論文や修士論文ではこの点について，個人的経験などのエピソードが語られることもあるが，一般の論文ではなぜそのテーマを取りあげることが，学問的にあるいは社会的に重要なのかが論じられる。

② テーマについての従来の研究の歴史的経過と，何が明らかになっているのか，また，問題点として残っているのは何か。

③ 自分の研究と直接関係のある論文をやや詳しく紹介する。

④ 自分の研究の目的（かなりしぼられているはず）

⑤ 予測や仮説を立てた場合は最後にそれを書く。これらについては，必ず根拠を明示する。

問題部分はまとまりがなかったり，ダラダラとなったりしがちである。勉強したことや知っていることを全部書こうとして欲張らない。簡潔に要領よく，横道に逸れないように。

方法 方法で明示されている情報を基に，読者が同一条件で追試できるよう，十分書き込む。卒業論文や修士論文など枚数制限が特にない場合は，実験状況を図や写真で紹介するとよい。また，教示は特に追試に際しては重要な情報である。できれば，用いた教示はすべて書く（長くなる場合は附録として最後に添付してもよい）。

方法では以下の点について，項を改めながら書く。なお，これはすでに行なった研究の方法を述べるのであるから過去形で書く。

(1) 被験者：属性（例：○県の公立高校生，首都圏に居住する専業主婦，○市

内の3つの私立幼稚園児など），性別，人数，年齢（平均年齢と年齢範囲）を示す。

特別な手続きによって選択した場合はそれを書く。「被験者」という言い方ではなく「研究参加者」といった言い方も増えてきている。

(2)実験（調査）時期：西暦，年，月，日（学会論文では省略することも多い）

(3)実験（調査）場所：場所とその状況（写真や見取り図などを場合によって入れる）

(4)装置・材料・課題：研究の内容によって異なるが，データ収集のために用いた用具について述べる。研究で用いた実験装置や器具，材料，質問紙，心理検査などを紹介する。

装置　　装置については，機器のメーカー名，製品番号を入れる（例：反応はVTR(SONY DCR-PC120)により，録画記録した）。装置を自作した場合には，その大きさや構造，機能などの情報を示す。

材料　　刺激材料などについてもその大きさや特性についての情報を示し紹介する。質問紙法や心理検査など，既存のものを用いた場合はその著者名と発行年を明示して示す（例：友人関係のあり方については榎本（2000）の質問紙を用いた）。

課題　　被験者に与えた課題について示す。

(5)手続き：順序よく，教示も書く。実験1と実験2の手続きが同じであれば，実験2では「手続きは実験1と同じ」としてもよい。

「方法」は受動態で書くことが慣習とされていたが，実験報告の主体をはっきりさせるという意味で能動態で書かれるようになってきた。能動態の方がよいであろう。

結果　　結果は，主観や解釈を交えることなく，データに即した事実を書く。結果はいくつかの項目に分け，それぞれに小見出しをつけてまとめる。結果もすでに明らかとなった結果を報告するので，過去形で書く。

　　　測度の算出法，測定単位を明確に。また，数値化されたデータの場合は有効数字のけた数を一致させる。平均などがちょうど割り切れた場合（たとえば14）も，有効数字は小数点以下2桁であるなら14.00と表記

する。

統計的分析を用いた場合は、何を用いたかを明示し、統計数値を入れる。(例1：この2群の平均値の差を t 検定を用いて検定したところ、有意な差が見られた ($t_{(26)}=5.28$, $p<.01$)。例2：条件の主効果が有意であった ($F_{(2,28)}=6.90$, $p<.005$))。t や F の後の ( ) 内は、自由度である。分散分析の場合は自由度は2つある事に注意する。

なお、分散分析について、「有意な主効果が見られた」「主効果が有意であり」「有意な交互作用が見られた」「交互作用が有意であり」といった表現は適切だが、「主効果に有意差が見られた」「交互作用に有意差が見られた」といった表現は不適切である。意味をよく理解して表現すること。

結果は図・表を用いてわかりやすくする。学会論文の場合、通常は図や表と本文の重複をしないことが原則である（冗長な情報を避け、明瞭簡潔にするため）。図や表から読みとれることを文章でその都度言及していく（例：図1に示すように条件1は条件2より反応生起頻度が高い）。

考察

シュワーブ他（1998）は、考察で書かれるべき重要な点として以下の3つをあげている。
①結果とその解釈が従来の知見とどの程度一致するのか（妥当性）
②結果とその解釈はどのような点で一般性が限定されるのか（限界性）
③今後どのような展開が考えられるか（可能性）

具体的には、最初に簡単に結果をまとめ、それについての解釈を行なう。それらを、問題で紹介した既存の研究の結果と比較し、一致する点、不一致であった点を述べ、不一致であった場合には不一致をもたらした要因を推測して述べる（妥当性）。

次にこれら研究結果や解釈から、目的・仮説に照らして当初の目的が達成されたか、仮説が支持されたかについての結論を下す。この場合、研究で明らかになった点、不明な点を分けて結論を下す（限界性）。

最後に、残された問題点、今後改良すべき点、研究がこれから発展すべき方向性を述べる（可能性）。

なお、考察は、明らかになった結果を今の時点で考えるという意味で、現在

形で書く。結果と考察をいっしょにまとめて書く場合もあるが，この場合もここまでは結果，ここからはその結果についての考察ということがわかるようにきちんと分けて書く。

文献　本文中で引用したすべての文献を記載する。研究の上で参考にはしたが論文の本文で引用しなかったいわゆる参考文献については，記載しない。

引用文献は本と学術論文を分けずに，また日本語文献と外国語文献についても分けずに，筆頭著者名のABC順に混在記載する。ある著者の執筆文献が複数ある場合は発行年の早いものを先にする。同じ年にある著者の執筆文献が2つ以上ある場合は，発行年に任意にa,b,と添え書きをして区別する（本文中の引用でも発行年にa,bの添え書きをする）。ある著者の単著と共著論文がある場合は発行年にこだわらず，単著共著の順に記載する。共著の記載順は第2筆者のABC順となる。

学術雑誌の場合は，著者名，発行年，論文題目，雑誌名，巻，頁（最初の頁と最後の頁をハイフンで結ぶ）を書く。

本の場合は，著者名，発行年，本の題，出版社の所在都市名，出版社名（国内の本の場合は出版社の所在都市名は省略することもある）を書く。本の中の特定の章の場合は，その章の著者名，発行年，その章の題，その本の編集者名（編集者名の後に（編）欧文の本の場合（Ed.）編集者が複数の場合は（Eds.）とカッコに入れる），その本の題目，出版社の所在都市名，出版社名，その章の頁（Pp.と書きそれに続いて最初の頁と最後の頁をハイフンで結ぶ）を書く。雑誌名と本の題はイタリック体（斜体）にする。

これら以外の記載の詳細については日本心理学会(1991)やAPA(2001b)を参考にしてほしい。

論文を書き終わってから文献欄を確実に書くのにはかなりの労力が必要になる。研究の準備や実施などの過程で引用文献となる可能性のある文献を読んだら，その都度上記の情報を入力しておくとよい。それらをabc順に並べておき，引用しなかったものを削除すれば，文献欄はできあがる。EndNote;やGetARefといった文献欄を容易に作るためのパソコンソフトも出ている。

③ 論文の書き方

要約　目的，方法，結果，考察の要点を1頁程度にまとめる。これを読むだけで研究の内容がわかるようにし，論文本体で述べていないことを入れてはならない。要約の中で本文中の図や表の引用はしない。

謝辞　その研究に協力いただいた被験者や研究を行なうにあたってお世話をいただいた人々や指導教官等への感謝を述べる。

附録　卒業論文や修士論文などでは，実際に使った調査用紙や実験の刺激図版，教示などを附録として入れておくとよい。

本文中の引用　本文中の文献引用は，著者（発行年）を明示する。著者名は姓のみとし，同姓者がいて区別がつかないとき以外は，名前のイニシャルなどはつけない。

引用文献の著者が2人の時は欧文の場合は「&」で，日本人の場合は「・」でつなぐ（Clinton & Bush, 2000）（森・小泉, 2001）。著者が3人以上の時は，初出時は全員の名を書くが，2度目以降の引用の時には筆頭著者名のみとし，欧文の場合は「et al.」日本語文献の場合は「他」とする。(Clinton et al., 2000)（森他, 2001）。

文献の孫引き（ある文献について人の引用を基にし，自分では実際にはその文献を読まないで引用すること）はしない。大学図書館のレファレンス機能は非常に高まっており，多くの文献は入手できるようになってきている。どうしてもその文献が入手できないときは孫引きであることを明示する。(○○の文献に紹介してある××の文献を引用したいが，入手できなかった場合　例；○○（2000）によれば，××（1850）は……)。

図・表　図には，グラフ（データの要約的明示），説明図（概念や分析モデルの明示），写真（具体的事実の明示）がある。図によるデータ提示は概要を一目で理解できる。図には，グラフ，説明図，写真などを区別せず本文中に出てくる順に番号をつける（例：図1, Figure 1, Fig.1, FIG.1）。図の番号と同じ行に続けて図の題を入れる。題の最後には「．」を入れる。

これら図番号と図題は図の下に入れる。また，データのグラフ表示の場合，縦軸と横軸の説明や単位，凡例の入れ忘れのないよう注意すること。
　表には，データ表（測定データやその要約的明示）と説明表（概念的説明や分類の明示）がある。データ表は図に比べるとわかりにくいが，図ではわかりにくい細かな数値の違いも正確に表示できる。表においても同様にデータ表，説明表の区別は付けず，本文中に出てくる順に番号をつける（例：表1，Table 1）。表番号と行を変え，表の題を入れる。題の最後には「．」を入れない。これら表番号と表題は表の上に入れる。表題の下に太線を入れ，その下に表を書く。表の中の線はなるべく少なく，また横線のみとし，縦線や斜線は使わない。数値を示す場合は，小数点の位置をそろえ，小数点以下の桁数をそろえる。表中の数値がすべて1以下の場合（相関係数のように），0.52のように0はつけず，.52のように小数点以下についてのみ書く。その他，表の書き方については，Nicol & Pexman(1999)参照。
　本文で触れていない図や表は入れない。同じ種類の図や表は統一した書き方にする。図や表の題は，下書きの段階でつけておくとよい。

最後に
　論文を書き終えたら，本文で引用した文献が文献欄にすべてあるかどうか，また逆に引用してない文献が文献欄にないか，名前や発行年に違いがないかを1つずつチェックし，ミスがあれば修正する。
　次に図表の番号が順になっているか，本文と対応しているか，図の凡例が入っているか等をチェックする。
　さらに，誤字脱字などがないか，わかりにくい表現はないかをチェックし，推敲する。そして友人などに読んでもらい，理解しにくいところやことば足らずのところなどを指摘してもらい修正する。その上で，指導教官に読んでもらい，その指導に基づいて修正を加え，そのくり返しの中で，最終的に完成となる。

引用文献

American Psychological Association　2001a　*Thesaurus of Psychological index terms.* 9th ed. Washington, D.C.：American Psychological Association.

American Psychological Association　2001b　*Publication Manual of the American Psychological Association Fifth Edition.* Washington D.C.：American Psychological Association.

American Psychological Association 2001c *APA-Style Helper*3.0. Washington D.C.: American Psychological Association.
木下是雄 1981 理科系の作文技術 中公新書
Nicol, A.A.M., & Pexman, P.M. 1999 *Presenting your findings : A practical guide for creating tables.* Washington D.C.: American Psychological Association.
日本心理学会 1991 心理学研究 Japanese Psychological Research 執筆・投稿の手引き (1991年改訂版) 日本心理学会
シュワーブ, D.・シュワーブ, B.・高橋雅治 1998 初めての心理学英語論文 北大路書房

コラム1 研究発表の仕方1―わかりやすい口頭発表―

〈口頭発表にいたるまで〉

　学会の分科会で研究発表をするには，大きくは，①口頭で発表する方法，②ポスターを使って発表する方法の2種類の方法がある。どちらの発表方法によるかは，その時々の主催者サイドによって決められることが多い。

　口頭発表にいたる手順の一例であるが，まず，その学会の会員登録をして，発表の申し込みをすることになる。申し込みの際には，どの分科会に発表したいのかを記入欄に書き込み，定められた書式に従って発表論文集（予稿集）用の原稿を提出する。字数は学会によって異なるが，Ａ4版1枚（2000字）あるいはＡ4版2枚（4000字）がふつうである。

　卒業論文や修士論文の発表会，構想発表会，中間発表会についても，予稿，レジュメ（resume 概要）の書き方の基本は，これに準じる部分が多いだろう。指示があればそれに従うが，ふつうは前年度の先輩のスケジュールが参考になる。予想以上に時間がかかるのが図表の作成である。早めに準備すること。

〈口頭発表のようす〉

　一例をあげると，多くの分科会では発表者は口頭で12分間の研究発表を行なう。関連資料に関しては，プリント紙を当日配布するか，OHP，スライドを使うことが多い。発表後は続いて，聴衆参加者（フロアー）から3分間の質問を受ける。プログラムに従って分科会の全部の発表が終わると，全体での質疑・討論を30分行なう。座長は，その分科会の発表内容をいくつかにグルーピングして，たとえば性格の5因子に関する3件の発表について15分，新尺度の開発に関する2件の発表に15分というように，うまく時間を配分しながら議論が高まるように進行をはかるので積極的に参加する。

　口頭発表方式の長所は，発表者間で共通のテーマ，トピックスについての質疑ができることにある。うまく進行すると，かなり専門的な議論が深まり共有化もすすむが，その一方で短所もある。たとえば，自分の分科会の時間帯に別の分科会の発表があるので，それを聞きに行けない。発表件数の関係で，あまり関係のないテーマの分科会の発表者に含められてしまうこともある。

　卒業論文や修士論文関係の発表会，研究会では，ビデオ（VTR）あるいはパワーポイント（Microsoft PowerPoint）の使用が許されることがあり，かなり効果的なプレゼンテーションが期待できる。特にパワーポイントは，エクセルやワードなど他のアプリケーションとの相性がよく，絵，イラスト，写真，グラフを活用しやすい。編集もかなり自由にできる点がすぐれている。

（大野木裕明）

〈口頭発表の心構え〉

　発表することの目的は、自分の成果や主張を相手に伝えること、相手の意見を聞くこと、関連情報を取ることに尽きる。したがって、さしあたっての発表者の心構えは次のようである。

①はっきりとした発音で、大きな声で発表する。
②相手に不快感を与えないような態度で発表する。
③配布ずみのレジュメの棒読み発表は厳禁である。
④レジュメ以外にも資料を準備して、具体的な手続きや結果の図表を示す。
⑤OHP、スライド、ビデオが使える時には、それらを効果的に用いる。
⑥携帯用のパソコンの持ち込みが許されているのなら、効果的なプレゼンテーションが期待できよう。ただし、パワーポイント、液晶プロジェクターなどを使うときには、事前に確認しておくこと。当日、その部屋に行って初めて、使える環境にないとわかることもある。
⑦質疑応答は誠実に行なうこと。これは今後のためにも重要である。

〈発表後のこと〉

　分科会での口頭発表の利点は、一度に大勢の人たちに向けた情報発信ができることにある。他の発表者に関心があってそこに居た人からも、望外のヒントが得られることもある。その場で知り合いになれば、今後の連絡を約束することもできて、大きな収穫となる。

　卒業論文の構想発表などでも同様である。発表を機会にして、その後に指導・助言を受けることもできるのだから、防御的にならないで、虚心坦懐な態度、明るく、積極的な態度で望むこと。

　なお、ポスター発表については、コラム11（p.170）を参照すること。

第2部 論理展開のレッスン

　心理学のフィールドは生きて動いている。それは，先行研究をターゲットとした追試，条件拡張，適用年齢の拡張などの各種エントリー方法による研究の参入が絶え間ないからである。3章から11章までに代表的な9つのエントリー・モデルをパターンとして例示するので，このパターンを学べば，1部で理解した探し方（情報の収集），読み方（研究成果のチェック），書き方（研究成果の発信）のノウハウを具体的にマスターできるだろう。

3章 エントリー・モデル1：理論的仮説や経験的理論を実証的に検討する

　この章では，過去に提案されたすぐれた理論的仮説や経験的理論を，心理学的な実験によって実証的に検討する事例を示す。これによって，かつて心理学的に十分に明らかになっていなかった事柄が，データを伴った事実として示され，研究者コミュニティーで共有できるようになる。まず，本章の最初に，ホイヘンス（Huygens, 1673）の定式化した「ホイヘンスの法則」（「複振り子」とその「相当単振り子」の関係についての法則）を押さえる。次に，この研究を先行研究仮説として位置づけた，エントリー・モデル1による研究（Kugler & Turvey, 1987）の概要を述べる。最後に，このクグラーとターヴェイ（1987）の研究から得られた結果について，その意義を概観する。

1　先行研究：複振り子の振動中心を導出する（「ホイヘンスの法則」） ——Huygens(1673)

振り子とその周期

　固く，重さを無視してよいくらい軽い棒の上端を回転軸に固定し，下端に重りをつけた振り子——いわゆる「単振り子」——について考えてみよう。釣り糸のような柔軟な素材の端に分銅を取り付けた種類の振り子は，ここでは考えないことにする。そして，いろいろな長さの「腕」をもった単振り子を作り，これをごく軽くつついて少しだけ動かしてみたとする。すると，短い単振り子はすばやく揺れ，長い単振り子はゆっくりと揺れるのを観察することができるはずである（図3-1）。

　振り子にはそれぞれ特定の，いわば「揺れたい」周期があり，これは「固有周期」（characteristic period）とよばれる。このような振り子の特性については，日常的にもしばしば観察することができる。昔は多くの家庭で使われていた「振り子時計」を知っているならば，小ぶりの掛け時計の振り子は速く，大きな柱時計の振り子はゆっくりと振動していたということに思い当たるはずである。

注：本章は，読者の研究法レッスンの目的のために，原論文の一部分のみを強調して書き下ろしたものである。読後は，必ず原論文にあたって総合的な視野を広げ，さらにレッスンを深めてもらいたい。

1　先行研究：複振り子の振動中心を導出する(「ホイヘンスの法則」)

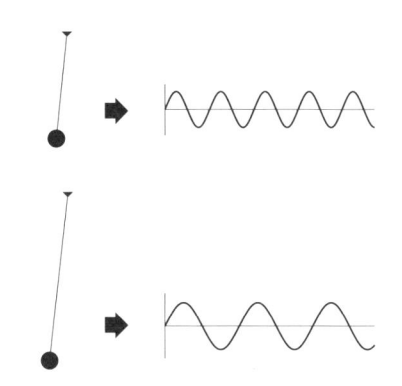

●図3-1　振り子の「腕」の長さと固有周期との関係

そして，じつは同じような現象が，時計のような物体だけでなく動物の身体でも観察できるという事実は興味深い。たとえば，小柄な人の動作は比較的敏捷で，大柄な人はどちらかというとゆったり動くというのも，私たち人間の身体が多くの関節を軸としたたくさんの振り子の集合体であるということと，おそらく関係している。

複振り子の振動中心とホイヘンスの法則

　さてここで，さまざまな腕の長さをもつ単振り子を物理的に結合した場合，その新しくできた振り子の固有周期は，いったいどのようなものになるかという問題について考えてみる。
　複数の単振り子を物理的に結合したものは「複振り子」(compound pendulum;あるいは「剛体振り子」)とよばれる（図3-2）。単振り子の場合，その固有周期は，（ただ）1つの質点からの回転軸までの距離と関係していることがわかっている。しかし，複振り子では質点がその「腕」の上に広く

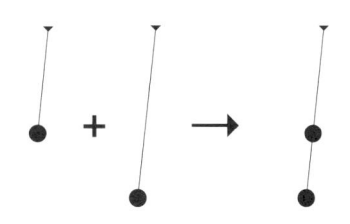

●図3-2　2つの単振り子を結合した複振り子の例

分布してしまっているので，話は単純ではなくなる。この問題にはさまざまな高名な学者が挑戦したが，満足のいくかたちで解答を示すことはできなかった。初めて明確なかたちで解答を示したのは，振り子時計の発明者であり，物理学における波動についての業績で知られるクリスチャン・ホイヘンス（Christiaan Huygens）であった（Bell, 1950；Mach, 1960）。

　すべての複振り子には単振り子と同様に一定の周期性が備わっている。したがって，ある特定の複振り子について，それとまったく同じふるまいをする単振り子を考えることができるはずである。これを「相当単振り子」とよぶ（図3-3）。複振り子をそれと等価な相当単振り子に変換するためには，複振り子の「腕」上に広く分布した質量を1点に集中させればよい。ただし，この新しい「質点」を考えるにあたっては，オリジナルの複振り子とまったく同じ周期を持つように，その回転軸からの距離が調整されなければならない。この特別な点は，複振り子の「振動中心」（center of oscillation）とよばれる。単振り子においてはこの振動中心が重心（center of gravity）と完全に一致するが，この規則は複振り子においてはあてはまらない。ホイヘンスの功績は，当時はまだ一般的ではなかったエネルギー保存則を明示的に利用して，この振動中心の位置に関する法則性を洞察し，定式化したことである（Bell, 1950; Kugler & Turvey, 1987; Mach, 1960）。

　振動中心に関する「ホイヘンスの法則」を以下に示す（数式1）。証明の詳細

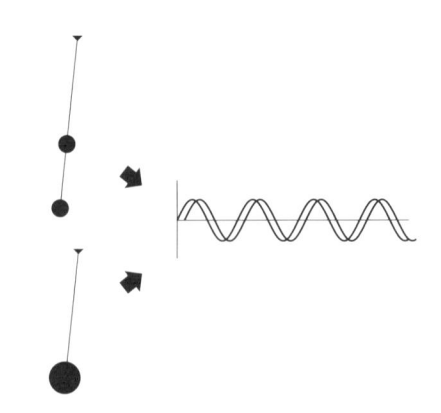

◗図3-3　複振り子(上)と等価な相当単振り子(下)

については，たとえばKugler & Turvey (1987, Appendix C) 等を参照されたい。

$$L_o = \frac{\sum M_i L_i^2}{\sum M_i L_i} \qquad (1)$$

ここでL_oは複振り子における回転軸から振動中心までの距離，M_iはi番目の質量，L_iはその回転軸からの距離である（図3-4）。また，相当単振り子の振動中心における質点の質量M_oは以下の通りとなる（数式2）

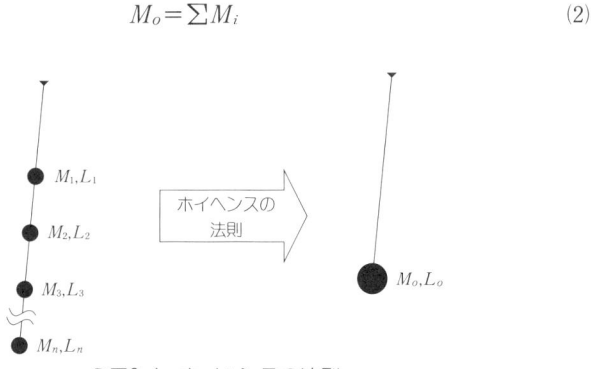

$$M_o = \sum M_i \qquad (2)$$

●図3-4　ホイヘンスの法則

② 本研究：「ホイヘンスの法則」を人間行動のモデルとして実証的に研究する —Kugler, & Turvey(1987)

目的

　私たち人間の身体は，その下位システムとしておよそ10^2個のオーダーの関節と10^3個のオーダーの筋，そして10^{14}個のオーダーの神経接続を備えたきわめて大規模で複雑なシステムである（Kelso, 1995; Turvey, 1990）。私たちが何気ない日常的な行為を達成するためにも，この身体システムを目的や状況に応じて制御しなければならない。

　身体システムの運動制御モデルについては，歴史的にさまざまな種類のものが提案され，検討されてきた（Turvey, 1990）。そのうち，たとえばロシア人運動生理学者ニコライ・ベルンシュタイン（Bernstein, N. A., 1967/1996）は，私たちの身体を構成する下位要素が協調することによって機能的な単位としての「シナジー」（synergy）を構成し，当該の場面における制御の自由度を大幅に縮減していることを指摘した。ベルンシュタインのアイデアは，近年発展

してきた「複雑系」の科学と結びつき，身体システムの自己組織的協調に焦点をあてた運動制御研究として展開している。

ここで紹介するクグラーとターヴェイ（1987）の研究もこの流れに属する。クグラーとターヴェイ（1987）の主張は単純ではないが，ここでは，両手に持った振り子を協調させて揺らせ，その動きを観察するというシンプルな実験から得られた1つの——基本的だが重要な——知見に限定して議論する。

両手に持った振り子システムを協調させて振る課題は，歩行において観察される四肢の連携した動きなど，身体の基本的協調運動——特にリズミカルに行なわれるもの——を実験的に操作可能なものとしてモデル化したものと考えてよい。これら両手振り子システムの協調は，被験者の両手間の神経的な接続を介してなされる生物・心理学的結合に基づいているが，クグラーとターヴェイの仮説は，ここに単振り子の剛接合に関する自然法則——「ホイヘンスの法則」——がその制約として作用している，というものである。

この主張の正当性について評価するために，被験者が両手で把持し意図的に協調させて振る2つの振り子システムに対してホイヘンスの法則が適用され，それと等価な1つの振り子システム——「仮想単一振り子システム」（virtual single system）——の変数が算出される。そして，この「仮想単一振り子システム」の変数が，協調した両手振り子システムのふるまいのデータをよく説明するならば，クグラーとターヴェイの主張の正当性が示されることになる。

方法

1. 実験装置

振り子システム：長さについて2条件（29.4cmおよび59.9cm），質量について2条件（0.1kgおよび1.0kg）となるように作成した計4種の振り子を，それぞれ左手用，右手用として計8本用意した。振り子の軸の直径はすべて2.0cmとし，堅くそして軽量な木製とした。上端には薄手のラバー製グリップを取り付け，下端から約4cmの位置に0.1kgもしくは1.0kgの質量をアルミ製の固定具で取り付けた。また，上端から約15cmの位置には小さな金属製プレートを取り付け，計測用センサーを磁力によって取り付けられるようにした。

ゴニオメータ（角度計）：被験者の動きを妨げることなく，振り子を持つ手の

② 本研究：「ホイヘンスの法則」を人間行動のモデルとして実証的に研究する

手首における回転運動を記録するため，光電管を利用した運動計測装置が準備された。収録されたデータはA/Dコンバータによってサンプリング周波数200 Hzで変換され，コンピュータ上で記録・解析された。

2．被験者

大学に籍を置く男性2人，女性2人のボランティア計4名

被験者1：男性，32歳，右利き，体重65.8kg

被験者2：女性，29歳，右利き，体重63.6kg

被験者3：男性26歳，左利き，体重68.1kg

被験者4：女性，20歳，右利き，体重49.9kg

3．手続き

被験者は，椅子に腰掛け，用意された「振り子システム」を手でしっかりと把握し，それを「好ましいと感じる」（「快適」で「安定」しており「自然」な）やり方で，手首を中心にリズミカルに振るように求められた。その際，前腕は床と平行に維持することとした（図3-5）。

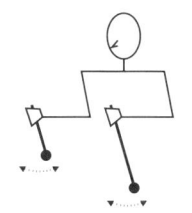

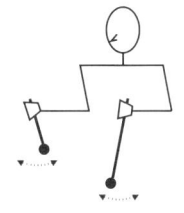

●図3-5　実験状況の模式図
上の2図は「ダブル条件」での試行の例であり，左側は同位相で，右側は逆位相で「振り子システム」を協調させつつ振っている場面を示す。

2つの実験条件が設定された。「シングル条件」では，4種の「振り子システム」を左手もしくは右手単独でそれぞれ振ることとし，「ダブル条件」では，16通りの組み合わせで，「振り子システム」を両手で，同一テンポとなるように協調──条件ごとに同位相もしくは逆位相で──させて振ることとした。「振り子システム」の振り方に関する24条件がそれぞれ8試行ずつ行なわれるように設定され，被験者ごとに計192試行（96試行／日×2日）が課せられる被験者内計画とされた。全192試行は24条件8ブロックに分割された。各ブロックはさら

に「シングル条件」と「ダブル条件」の下位ブロックに分割された。下位ブロック内での試行順はランダム化された。

　課題遂行中，被験者は各試行において「好ましいと感じる」振り方ができるようにその運動を探索・調整し，それが達成された時点で実験者に報告することが求められた。「好ましいと感じる」状態が達成された時点から10秒間のデータ（振り子の周期にして8〜15周期分）が収録された。途中，被験者が「好ましいと感じる」状態を持続できなかった際は，同じ試行がくり返し行なわれた。

結果と考察

　「シングル条件」のデータから，左右振り子システムそれぞれの固有周期（τ_lおよびτ_r）が算出された。また，「ダブル条件」のデータから，両手振り子システムを協調させた際に生じる協調周期（τ_c）が算出された。

　ホイヘンスの法則に基づいて，2本の振り子から構成される両手振り子システムのつくる「仮想単一振り子システム」の回転軸から振動中心までの距離——仮想長（L_v）——が，被験者ごとに計算された。その際，実験で用いられた振り子システムの物理的特性，および被験者の体格に基づいた補正がなされた。

　以上から得られた変数に基づき，シュミットとターヴェイ（Schmidt & Turvey, 1989）が，クグラーとターヴェイ（1987）の実験から得られた結果の一部を整

●表3-1　両手振り子システムの協調周期を目的変量，仮想長および左右振り子システムの固有周期を説明変量とした重回帰分析から得られた標準偏回帰係数（Schmidt & Turvey, 1989を元に作成）

被験者	仮想長（L_v）	左手振り子システムの固有周期（τ_l）	右手振り子システムの固有周期（τ_r）
1	.792**	.219*	.062
2	.557**	.149	.453**
3	.495**	.427**	.267
4	.930*	.042	.004

* $p<.05$　** $p<.01$

理しまとめたものを表3-1として示す。表3-1は，両手振り子システムの協調周期（τ_c）を目的変量，「仮想単一振り子システム」の仮想長（L_v），および左右振り子システムの固有周期（τ_lおよびτ_r）を説明変量とした重回帰分析によって得られた標準偏回帰係数（β）を表わしたものである。表3-1より，両手で把持した振り子を協調させて揺らせた際に生じる協調周期（τ_c）のデータ分散は，左右どちらかの実体的な振り子の周期よりも，むしろ「仮想単一振り子システム」の仮想長（L_v）によってその多くを説明できることが読みとれる。

③ 本研究の評価

伝統的に，動物の中でも特に人間の中枢神経システムは，内的な規則に基づいて作動する高度な記号処理システムとして見なされることが多かった。一方，近年の，脳を「複雑系」と見なすアプローチ（Kelso, 1995; Haken, 1996/2000 等）は，そこに「自然法則」の関与を積極的に認めていこうとする立場であるといえよう。ここで紹介したクグラーとターヴェイ（1987）の研究から得られた知見もまた，中枢神経システムが内的な規則というよりもより一般的な自然法則に支配されている——少なくとも敏感である——ことを示している。「仮想単一振り子システム」の変数は，両手に把持した実体的な2本の振り子のどちらか一方に備わっているのではなく，それらが1つのシステムを構成したときにはじめて生じる特性としてとらえることができる。本研究は，この創発的な特性がシステム全体のふるまいを制約していく機序を明らかにしたという点で，高く評価できる（やや詳しい解説としては三嶋，2000等も参照）。

④ 読者のために——コーヒーブレイク——

私たちは，自分自身の腕や脚を相互に協調させて動かすことができるだけでなく，群舞のときのように自分自身の腕や脚を他者と協調させて動かすこともできる。前者のような個人内協調場面では，身体各部の協調は主として触覚的な情報に基づいて行なわれるが，後者のような個人間協調場面では，そこに視覚等のシステムが新たに追加されることになるだろう。システムの複雑さにつ

第2部　論理展開のレッスン

3章　エントリー・モデル1：理論的仮説や経験的理論を実証的に検討する

いて考えても，個人間協調場面では少なくとも2つの中枢神経システムが関与することになる——関係する人が2人以上になる——ので，システム全体の自由度はおよそ2倍以上になる。個人間協調場面において生じるこの大規模なシステムは，いかなる原理に基づいて協調することが可能になるのだろうか。

さてじつは，個人間協調場面においても，ホイヘンスの法則を適用し「仮想単一振り子システム」を考えることができる。隣り合って座った2人の被験者がそれぞれ右手と左手に1本ずつ振り子を把持し，それらを「好ましいと感じる」やり方で協調させて振ったとする（図3-6）。すると，個人間においても，個人内協調のときと同様に「仮想単一振り子システム」の仮想長がシステム全体の協調周期に強く影響していることがわかる（Schmidt & Turvey, 1989）。

●図3-6　個人間協調場面の例
（Schmidt & Turvey, 1989）

私たちの身体システムは，多くの関節を軸とした「振り子の集合体」としてみなすことができる。ホイヘンスの法則は，そのような私たちの身体を協調する場面で，個人内，個人間にかかわらず，たいへんに一般性の高い法則として作用しているようである。

引用文献

Bell, A. E. 1950 *Christiaan Huygens and development of science in the seventeenth century.* London: Arnold.

Bernstein, N. A. 1996 On dexterity and its development. In M. Latash & M. T. Turvey (Eds.) *Dexterity and its development.* Hillsdale, NJ: Lawrence Erlbaum Associates. 9-244. (Original work published 1967)

Haken, H. 1996 *Principles of brain functioning.* Berlin: Springer-Verlag.　奈良重俊・山口陽子（訳）　2000　脳機能の原理を探る　シュプリンガー・ファアラーク東京

Huygens, C. 1673 *Horologium oscillatorium.* ［英訳版: Blackwell, R. J. 1986. *Christiaan*

④ 読者のために──コーヒーブレイク──

Huygens' the pendulum clock, or, Geometrical demonstrations concerning the motion of pendula as applied to clocks. The Iowa State University Press.]
Kelso, J. A. S. 1995 *Dynamic Patterns: The self-organization of brain and behavior.* Cambridge, MA: MIT Press.
Kugler, P. N. & Turvey, M. T. 1987 *Information, natural law, and the self-assembly of rhythmic movement.* Hillsdale, NJ: Lawrence Erlbaum Associates.
Mach, E. 1960 *The science of mechanics (6th ed.).* T. J. McCormack, Trans. LaSalle, IL: Open Court.
三嶋博之 2000 エコロジカル・マインド：知性と環境をつなぐ心理学 NHK出版
Schmidt, R. C., & Turvey, M. T. 1989 Absolute coordination: An ecological perspective. In S. A. Wallace (Ed.), *Perspectives on the coordination of movement.* Elsevier Science Publishers B. V.
Turvey, M. T. 1990 Coordination. *American Psychologist,* **45**, 938-953.

コラム 2　生態心理学への招待

ここでは，生態心理学と，一大学院生である筆者との出会いを書く。筆者は大学生の時，ある雑誌の記事をきっかけにして，生態心理学に興味をもった。生態心理学の源であるJ.J.ギブソンの本（Gibson, 1979）も，好きになった。けれども，実際研究室に入ってから，自分の研究テーマがほとんど定まっていないことに気がついて，空まわりの日々を送ることになった。ギブソンの本にでてくる「アフォーダンス」という語もピンとこないまま，この本もほとんど読まなくなっていた。

研究室の仲間には，人間のふるまいを実際に観察している人が多い。修士論文を書く年になって，頭で考えているだけでなく，筆者もとにかく具体的なものを見た方がよいということになって，研究室で定期的に通っているリハビリセンターで，ある運動障害者の方を観察させてもらうことになった。

頸髄損傷で不全四肢麻痺という障害をもったⅠ氏の作業療法の訓練時間に毎週通うことになった。頸の骨折で肩から下が麻痺する障害だ。といっても，何を見るかなど決まっていなかったし，とにかくその時間はビデオを撮らせてもらい，Ⅰ氏でも使えるフォークや箸の自助具をつくらせてもらうことで，訓練時間に参加していた。彼にはご飯をフォークですくうことが，粘着力のせいでむずかしかったり，唐揚げを箸で持上げることが，重くてたいへんだったりした。行為に物のわずかな性質が影響することにびっくりした。もっと楽にフォークや箸を使うための自助具をと考えて，Ⅰ氏や担当療法士の先生と相談しながら，録画ビデオを見返したりして作った。頸髄損傷について何の知識もなかった筆者にとって，自分の胴体を支えきれず前のめりになったりするⅠ氏の動きは，目の前で見ていてもよくわからないことが多かった。ただ，自分の身体の激しい変化を限りなく自然体で受け止めていたⅠ氏を，すごいなぁと，思ったりした。

秋になった。Ⅰ氏は退院することになった。筆者は修士論文を実際に書き始めなければならなかった。作った自助具について書こうと思っていたが，あまり上手く書けそうになかった。ふと，「Ⅰ氏の麻痺って結局何だったんだろう」と思った。今まで自分が見てきたⅠ氏の出来事を1つずつ書き出してみた。口を使って自助具をはめていた，マグカップは両手で支えてもっていた，「イライラする」とよく言っていた…。書き出されたものはⅠ氏の動きに固有な場面ばかりだった。Ⅰ氏が「麻痺」をもっているからそういう動きをするのではなく，この1つひとつこそが，Ⅰ氏の「麻痺」なのではないかと，考え始めた。

それまで数か月間に撮った録画ビデオが違って見えてきた。ここではこんなふうに動いているけど，あの時はどういう動きだったっけ…。録画を何度も見

（高橋　綾）

返した。I氏は，身振りが比較的大きかった。ビデオをよくみると，右手を動かした時に左手がそれと同時に対称的な方向に動いていた。療法士の先生は，そうすることでI氏は胴体が倒れないようなバランスをとっているのではないかとおっしゃった。バランスって何だろう。そういえば，生態心理学者の1人であるリード（Reed, 1996）の本に，身体にとって，いかに重力との関係をとることが大事か書いてあったな，バランスって重力と身体の関係を調整することだよね，ふだん私たちが重力を意識することなどほとんどないけれど，I氏の身体には，重力との関係がはっきりと見える…。

I氏の動きを見ることを通して，筆者には，ギブソンの言ったことが少しわかってきた。具体的な文脈は忘れてしまったけれど，この時期の飲み会で，「それがアフォーダンスなんだよ」と，先生がビールジョッキを手にとってみせた時の，「そうなんだ！」とドキッとした場面を，よく覚えている。

修士論文を書き終えて，ギブソン（1979）を読み返した。I氏のビデオを見返した時のように読んでいた。前よりずっとわかるようになっていた。

以前筆者は頭で考えてばかりだったが，今は，観察も好きになった。筆者の場合はI氏の動きの観察を通じてだったが，生態心理学は，こんなふうに周りがみえてくることから始まるのかなと，思うようになった。

最近またギブソン（1979）を読んだ。また少し，周りが違って見えてきている。

■引用文献■

Gibson, J.J. 1986 *The ecological approach to visual perception.* Hillsdale, NJ : Erlbaum. (First published 1979). 古崎 敬他（訳） 1985 生態学的視覚論――ヒトの知覚世界を探る サイエンス社

Reed, E. 1996 *Encountering the world : Toward an ecological psychology.* Oxford University Press. 細田直哉（訳） 2000 アフォーダンスの心理学：生態心理学への道 新曜社

〈推薦書1〉：佐々木正人 2000 知覚はおわらない：アフォーダンスへの招待 青土社
〈推薦書2〉：佐々木正人 1994 アフォーダンス：新しい認知の理論 岩波書店

4章 エントリー・モデル2：追試研究によって成果を共有する

　この章では，過去に報告・評価された興味深くすぐれた先行研究を追試検討する。これによって，先行研究が確かであるかどうかを見きわめ共有化をはかることができよう。まず，本章の最初に，シムナー(Simner, 1971)の研究の目的，方法，成果を押さえる。次に，この研究を先行研究として位置づけたエントリー・モデル2による研究サギとホフマン(Sagi & Hoffman, 1976)の概要を述べる。最後に，このサギとホフマン(1976)の研究による総合的成果を考察する。

① 先行研究：他児の泣きに対する新生児の反応 —Simner (1971)

実験1

1. 目 的

　新生児の泣きの研究は，言語発達から行動異常にいたるまでさまざまな文脈の中で行なわれている。しかしながら，泣きを他の新生児の行動に影響する刺激として焦点をあてた研究はわずかである。一般に，新生児には，精神や意識とは無関係に，自動的，定型的に外的な泣きに刺激されて泣き出す「反射的泣き」がみられることがある。この新生児の泣きの刺激特性についての最初の研究は，ブラントン(Blanton, 1917)によって行なわれた。その研究では，蓄音機に録音された新生児の泣き声を，生後1～14日目の6人の乳児に聞かせたが，乳児の泣きが他の乳児の泣きを誘発するという証拠は得られなかった。また，ビューラーとヘッツァー(Buhler & Hetzer, 1928)の研究では，実験に参加した乳児の84%が他児の泣き声に反応したものの，泣き声の強さがコントロールされなかったこともあり，泣き自身の特性によって新生児の泣きが誘発されたのか，あるいは音声に対する苦痛反応なのか明確にされなかった。
　その後，ルイス(Lewis, 1936)によって，刺激されて泣き出す反射的泣きは，

注：本章は，読者の研究法レッスンの目的のために，原稿文の一部分のみを強調して書き下ろしたものである。
　　読後は，必ず原論文にあたって総合的な視野を広げ，さらにレッスンを深めてもらいたい。

1 先行研究：他児の泣きに対する新生児の反応

人間の声に対する新生児の最初の持続する音声反応であることが指摘されている。またピアジェ(Piaget, 1951)は，自分の子どもの行動観察を通して，反射的泣きが声の模倣の発達において重要であることを示唆している。ラインゴールド(Rheingold, 1966)は，反射的泣きが仲間による社会的刺激を模倣するという原始的能力であることを示唆している。

本研究の目的はこの反射的泣きが，他児の泣き声の強さによってもたらされた苦痛反応ではなく，他児の泣き声自身の特性によって泣きが誘発されることを実証することである。

2. 方 法

対象児：1968年の4月～6月に生まれた臨床的に問題のない95人の乳児が実験の対象となった。乳児は，目覚めていて目立った身体的行動のない状態で，午前7時～9時の間の午前入浴後すぐに実験が行なわれた。過度の泣きや体調がすぐれない等の理由で20名の乳児が実験の対象児から除外された。最終的に，男児36名，女児39名が3つの実験グループに割り当てられた。実験実施時の乳児の平均年齢は，生後66時間から72時間であった。

実験設備：実験室の広さは6×6×7フィート。室温は華氏78℃。室内の照明75Wのフラッドランプ。外からの視覚刺激を遮断するため，ベットの側面に16×18×12フィートの木製の箱を取りつけたベビーベット。断続的で激しい騒音を発生させるための雑音発生器：最大限9レベルのスピーカーを通して (Grason-Stadler：Model 901B)61デシベルの音圧。新生児の泣き声を聞かせるための携帯のテープレコーダー (Model TC800)：聴覚刺激の平均音圧は84±3デシベル。

手続き：対象児は，3つのグループに分けられた。

無音統制群……音声刺激を聞かせない無音統制グループ25名

新生児泣き声群……テープレコーダーにより生後5日目の女児の自然発生的泣き声を聞かせるグループ25名

雑音群…雑音発生器による断続的な激しい騒音を聞かせるグループ25名

対象児の泣きの生起の有無は，乳児の寝ているベッドの足下に立っている観察者によって録音された。泣きについての定義は，表情がしかめ面で，泣き声が断続的で聞き取りが可能なこと，それに最低1～2秒以上の身体運動が続くことを条件とした。

● 表4-1　泣いた乳児の数と泣かなかった乳児数

項目	無音	雑音	新生児泣き声
泣いた乳児	5	7	16
泣かなかった乳児	20	18	9
計	25	25	25

3．結果と考察

　表4-1には，各条件における泣いた乳児の数と泣かなかった乳児の数が条件別に示されている。その結果，明らかに新生児泣き声群は，雑音群よりも有意に新生児の泣きを促進していることがわかった（$\chi^2=5.153$，$p<.05$）。また，明らかに泣き声とは異なった断続的で激しい音声（雑音群）は，反射的泣きを引き起こす可能性が低いことが示された。

　さらに，無音統制群と雑音群との間に泣きの数についての有意差は見られなかった。この研究の結果から，新生児の泣きという音声特性が，他の新生児の泣きを引き起こす効果があるということが示された。その上，大きな音や突発音のような非言語的特性が，他児の泣きの誘発には直接寄与していないということが示された。

実験2

1．目　的

　自分の泣き声による聴覚的な自己刺激が反射的泣きの発達に寄与しているかについての直接的な評価はまだ行なわれていない。もし乳児自身の泣きが，「反射的泣き」の喚起に関連しているとしたら，乳児の泣きと類似した聴覚的シグナルは，乳児の泣きとは異なった音声シグナルよりも反射的泣きを引き起こすのに効果的であろう。この仮説を実証するために，実験2では独立した乳児のグループに，3つの異なる泣きの聴覚刺激を聞かせた。

2．方　法

対象児：1968年12月と1969年1月〜5月の間に生まれた臨床的に問題のない83名の乳児が選ばれたが，最終的に実験の対象となったのは男児36名，女児34名の70名であった。それに実験1の30名のデータが加えられたので合計100名の乳児が対象となった。対象児は4グループに分けられた。このグループは5か月の間

中無作為に実験された。それぞれの乳児の平均年齢は生後，67時間から77時間であった。

実験設備：実験1と同じ

手続き：対象児は，4つのグループに分けられた。

　無音統制群……何も聞かせない群25名。

　合成音群……コンピュータによる合成音を聞かせる群25名。これは，大人が聞いたら容易に自然の泣きと区別できる合成音で，泣きの主要なパラメータを取り入れてコンピュータで作成したものである。

　5か月児泣き声群…生後5か月半の女児の自然発生的泣き声を聞かせる群25名。

　新生児泣き声群…実験1で用いた生後5日の女児の自然発生的泣き声（対象児にとって最も自分の泣き声に類似している）を聞かせる群25名。

3. 結　果

　各条件における泣いた乳児と泣かなかった乳児の人数が表4-2に示されている。

　新生児の泣き声は，泣きを助長するのに，他の刺激より効果的であった。つまり，新生児の泣き声を聞かせた群は，無音統制群，合成音群，5か月児泣き声群と比較して，有意に泣きを誘発することが示された。これらの主要な結果から，対象児自身の年齢や泣き声に近い聴覚シグナルが，反射的泣きを増加させることが明らかにされた。

●表4-2　泣いた乳児の数と泣かなかった乳児数

	無音	合成音	5か月児泣声	新生児泣声
泣いた乳児	8	10	10	19
泣かなかった乳児	17	15	15	6
計	25	25	25	25

実験3，実験4については省略

② 本研究：新生児の共感的苦痛 —Sagi & Hoffman(1976)による再検討

　シムナーは，生後2日の乳児が別の乳児の泣き声を聞いて泣き出す(Simner, 1971)ということ，さらに，コンピュータによる合成音も含めて，泣き声に似

せた人工的な音に対しては，反射的泣きは少なかったことを示した。シムナーはこの反射的泣きは，同年齢の仲間によって引き起こされた社会的刺激を伝え反応する原始的能力と説明している。ホフマン (Hoffman, 1975) は，より特定的に，反射的泣きを1つの共感的苦痛 (Empathic distress) の生得的兆候ではないかと主張している。その根拠として，反射的泣きが，不快なときに自発的に生じる泣き声と区別できないこと，また反射的泣きが，情動性を欠いた単純な模倣による音声反応ではなく，その乳児に情動的苦痛をもたらしているよう見えること等があげられる。ただ，シムナーの研究で用いられた乳児は，生後2日間とはいえ，反射的泣き声を古典的条件づけによって説明できるという可能性もある。そこで，本研究では，社会的経験の影響を排除するため，シムナーの研究で用いられた乳児よりも，より生後間もない乳児を対象とすることで，反射的泣きの生得的メカニズムを検証しようとするものである。

方法

(1)対象児：生後約34時間の58名の新生児。実験は新生児が目覚めていて静かで目立った身体運動のない状態 (Prechtl & Beintema, 1964の指摘する水準3の状態) で行なわれた。

(2)実験装置：先行研究のシムナー(1971)の実験装置と同じ。音声のレベルも同じ。

(3)手続き：午前8時から9時，食事前の1時間～1時間半。部屋の温度は24.4°C～27.8°C。新生児は仰向けに寝かされ，ベッドから60センチのところにスピーカがある。スピーカからは別の乳児の泣き声か，合成された泣き声が聞こえてくる。

対象児の泣きの生起の有無は彼らの寝ているベットの足下に立っている観察者によって録音された。泣きについての定義は，しかめ面で泣き声は聞き取りが可能で，断続的であること，それに最低1～2秒以上の身体運動が続くことを「泣き」と定義した。これは，先行研究で用いた，「泣き」の定義と同じものである。

対象児は，3つのグループに分けられた。

新生児泣き音群……別の新生児の泣き声が聞かされる群20人

合成音群……コンピュータによって合成された泣き声を聞かされる群18人

無音統制群……何も聞かせない群20人。

結果と考察

　本研究の新生児は先行研究と比較すると刺激に対する泣きは少なかった。これは年齢差によるかもしれない。

　新生児が別の新生児の泣き声の音声的特性に対して反応する結果は、先行研究の主要な結果とまったく一致していた。新生児泣き音群が、無音統制群と比較して、有意に泣いた者の数が多かった（max likehood ratio＝0.66, $p<$ .01）。さらに、新生児泣き音群は、合成音と比較しても、有意に泣いた者の数が多かった（max likehood ratio＝9.61, $p<$ .005）。

　生後1日の乳児でも、別の乳児の泣き声の音声的特性に対して選択的に反応するという結果が示され、反射的泣きが生得的な反応だという証拠が提示された。しかしながら、このような新生児の反応が、条件づけられた結果である可能性も否定できない。というのうは、反射的泣きがわずか生後1日においても条件づけられることも考えられるからである。先行研究のシムナーは、他の乳児に対する反射的泣きは、乳児自身の過去の泣きと類似した聴覚的手がかりに対する1つの条件づけられた音声反応であるという主張をしている。しかし、このようなシムナーの条件づけ仮説的考え方には限界がある。というのは、他の乳児の泣き声を聞かされたときの乳児の反応は、明らかに力強く、十分発達した苦痛状態を示す自発的泣きであるからである。すなわち、本研究で観察された泣きは、明らかに苦痛のともなう泣きであり、それが生得的な共感的苦痛反応であることを示唆している。

　本研究の結果は、反射的泣きが出産直後の生得的な原始的な共感的苦痛反応を意味するものであろう。しかしながら、反射的泣きが、生得的なものかあるいは学習されたものか（条件づけられたものか）といった問題には、終止符が打たれなかった。それを決定するには、研究対象を本研究よりももっと生後間もない新生児とし、まさに分娩室で行われるような研究が必要である。

③　本研究の評価

　ある研究を追試するということは、新しいサンプルの被験者で先行研究の方

法を再現し，同じ結果を示すことであり，それには，仮説の支持を強め，その仮説の根底となっている理論を強化する目的がある。そういう意味では，本研究のサギとホフマンは，先行研究であるシムナーの研究を追試しているものの，先行研究でのシムナーの仮説や理論を検証するための研究ではないため，まったくの追試研究というわけではない。つまり，本章での先行研究と本研究の関係は，同一の仮説や理論の検証を目的としないが，同じ手続きを使うというタイプの追試的研究といえよう。すなわち，他者の泣きに対する泣きが，過去の自分の泣きと類似した手がかりに対する条件づけられた反応であると考えるシムナーに対して，サギとホフマンは，他児の泣きに対する反射的泣きを共感能力の生得的な原始的反応と考えている。そのために，本研究では，実験の手続きは可能な限り先行研究と同調させ，対象児においてのみ先行研究の実験の対象児よりもより出産時に近い対象児を用いて，生得的能力としての反射的泣きの検証を行なっている。ただ，理論的背景に違いはあるものの，結果的には，肉声の乳児の音声にのみ反射的泣きが生じるという現象は，両研究ともに見出されて，先行研究の結果に信頼性を与える結果となった。

　また，本研究は，反射的泣きが生得的な共感的苦痛反応であることを前提として研究を行なっており，本研究と同条件下で，生まれて数分というような分娩室での実験が必要であることを指摘している。つまり，今後さらなる追試研究の必要性が示唆されているのである。

４　読者のために——コーヒーブレイク——

　とかく追試研究は，オリジナル性が乏しく価値のないもののように評価される傾向がある。実際にメジャーな学会誌には掲載されにくいということもある。そのような意味では，本章で紹介した研究例のように，学会誌に発表されている完全な追試研究は少なく，方法論的には追試研究の姿勢をとりながらも，先行研究の問題点を洗い出し，新たな知見を一部加えて，研究発表するというタイプが多い。

　とはいうものの，追試研究が価値がないということではなく，追試研究は科学的方法にとって重要であることはいうまでもない。つまり発表された新しい

④ 読者のために──コーヒーブレイク──

研究についていちはやく追試研究を行なうことで，他の研究者の研究実施上の重複を避けることができることや，先行研究が確かであるかどうかを定めることによって，学会全体の研究スピードを加速するという重要な目的がある。

一般的には，追試研究は，卒業論文や演習の授業の中で，行なわれることが多い。先行研究を十分熟読し，完璧に追試し，同様の研究結果を見出すことで，先行研究者たち研究法のノウハウを習得することが可能であるが，なによりも，追試研究を行なうことで，有名な研究論文の結果がすべて正しいと鵜呑みする前に，自らで疑問をもち研究結果を確かめる精神を養えるメリットもある。

筆者の担当する大学の演習でも，心理学の研究雑誌のある論文を取り上げ，追試研究を行なわせることがある。そこで，よく問題となるのは，学会誌に記述されている先行研究の手続きに不明な部分がある場合である。そのような研究の追試を行なっても，先行研究とは異なる結果がでてしまい，先行研究との比較もさることながら，追試研究で行なわれた方法，結果の信頼性や妥当性の検討もしなければならず，本来の追試研究として評価できないことがある。筆者自身もそのような苦い経験があるので，ゼミの学生には，論文指導の中で次の研究者が追試することを前提として，実験方法を詳細に記述させるよう心掛けている。

引用文献

Blanton, M.G. 1917 The behavior of the human infant during the first thirty days of life. *Psychological Review*, **24**, 456-483.
Bühler, C., & Hetzer, H. 1928 *Das ersts Veratandnis für Ausdruck im ersten Lebengahr.* Zeitschrift für Psychologie.
Hoffman, M.L. 1975 Developmental Synthesis of affect and cognition and its implication for altruistic motivation. *Developmental Psychology*, **11**, 607-622.
Lewis, M.M. 1936 *Infant speech : A study of the beginnings of language.* London : Kagan Paul.
Piaget, J. 1951 *Play, dreams and imitation in childhood.* New York : Norton.
Marvin L. Simner 1971 Newborn's Response to the Cry of Another Infant. *Developmental Psychology*, 1971, **5**, 1136-150.
Prechtl, H. & Beintema, D. 1964 The neurological examination of the full term newborn infant. *Clinics in Developmental Medicine*, **12**, 1-72.
Rheingold, H.L. 1966 The development of social behavior in the human infant. *Monographs of the Society for Research in Child Development.* **31**. (5, Serial No. 107)
Sagi, A. & Hoffman, M.L. 1976 Empathic distress in the newborn. *Developmental Psychology*, **12**, 175-176.

コラム3　感情心理学への招待

　皆さんは,「感情研究」と聞くと,何を連想するだろうか？　「うれしい」とか,「悲しい」とか,あるいは「怒っている」といった,何がしかの日ごろ抱いている純粋な気持ちを想像するのではないだろうか？　その想像は正解である。感情研究という学問領域は,そのような「うれしい」とか,「悲しい」といった人間の内面から純粋に湧きあがる気持ちをさまざまな方向から研究することを主眼とする。その研究方法は多岐にわたるが,大きく分けて行動・生理・主観報告という3つのアプローチがあるといわれている。

　行動的アプローチでは,まばたきや表情,身振り,手振り,歩き方,姿勢などのような「ノンバーバル行動」ということばを用いない表現方法から,その人が感じている感情を探っていこうとする。このアプローチは古くから感情研究と密接な関係にあり,現在もなおさかんに研究されているものの1つである。たとえば,最近テレビなどでよく話題に取りあげられている拒食症や過食症といった食行動の問題がある。人間は落ち込んだときに極端に食べたり,食べなかったりするという結果が実験からも見いだされている。

　生理的アプローチでは,血圧や脈拍,あるいは脳波などの生理指標をもとに,その人の置かれている感情状態を探る。たとえば,人間が何かの対象に向かって怒りを感じるときには手のひらに汗をかくという生理的変化が現われる。また,生理反応を応用したものに,ポリグラフ（通称うそ発見機）があり,犯罪捜査の一端を担っている。その他,人間は嫌な刺激を見ると心拍数が変動したり,騒音の激しいところといった不快な状況に身を置かれると鼻の表面温度が格段に下がるなどの生理変化を起こすことが知られている。

　主観報告アプローチでは,その人がまさにそのとき感じている感情を,その人自身にことばで報告してもらう方法を取る。たとえば,楽しい気分にさせる状態を実験的に作り出し,その状態にある実験参加者に直接気分や感情を評価してもらうのである。この方法は感情研究の始まりから広く用いられてきており,たいへん伝統的ではあるが,逆に報告する側が人間である以上,結果にゆがみや偽りがある可能性があり,その使用にあたっては注意を要する。

　また,最近では,日常生活ではなかなかお目にかかれないような複雑な感情を表わしている顔を,映画製作などで多用されるコンピュータ・グラフィックスで人工的に作成し,それを評定してもらうといった研究や（図1参照）,ほとんど意識できない速さで表情を瞬間的に提示して評価させるといった研究も進んでいる。また一方,感情を司っている脳内部位を直接特定しようというたいへん興味深い研究が始まっている。たとえば,機能的核磁気共鳴画像法(fMRI)や陽電子放出断層画像法(PET),あるいは脳磁図(MEG)や光トポグラフィー

（竹原卓真）

とよばれる精密な装置を使った直接的な脳測定研究が代表的である。これらの研究によって，感情がどの部位で生成され，どのような経路をたどって表出されるかや，どのようなメカニズムで感情が認識されるのかといったことが将来解明されるかもしれない。

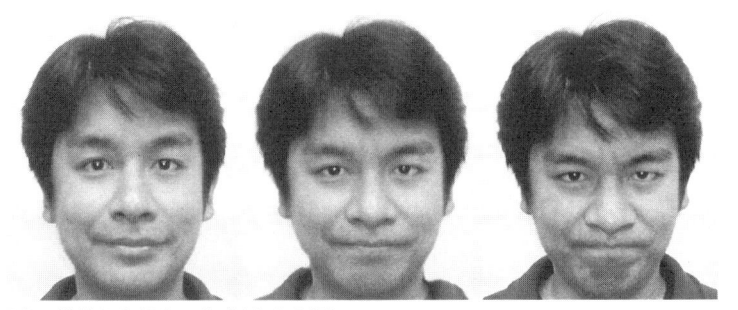

●図1　微笑みと怒りの合成（中央の顔）
　　　真ん中の顔は，微笑みの顔(左)と怒りの顔(右)を合成して作ったものである。さて，どちらの顔に見えるだろうか。

〈推薦書1〉：濱　治世・鈴木直人・濱　保久（共著）　2001　感情心理学への招待——感情・情緒へのアプローチ——　サイエンス社
〈推薦書2〉：吉川左紀子・益谷　真・中村　真（編）　1993　顔と心——顔の心理学入門——　サイエンス社

5章 エントリー・モデル3：時代の変化を検証する

　この章では，過去に報告・評価されたすぐれた先行研究を現代的に再照合する。これによって，その今日的な意味づけ，あるいは時代的な推移・変化をみることをねらう。まず，本章の最初に，内山（1968）の研究の時代背景と研究にいたった目的・成果を押さえる。ついで，この研究を先行研究として位置づけたエントリー・モデル3による研究（内山，1987）の概要を述べる。最後に，この内山(1987)の研究による総合的な成果を考察する。

1 先行研究：安全運転の行動を心理学的に追及する ——内山（1968）

本研究の時代背景

　本研究は，当時の社会的背景のなかで企画されたものであった。1960年代に，日本においてモータリゼーションが進み，1967年には自動車保有台数が1,000万台を突破した。その原因として，宇留野（1995）は，①車が手近かになったこと，②いざなぎ景気といわれた好景気で国民の所得が増えたこと，③800-1000ccの比較的安価な車が量産されたこと，④「消費は美徳」の販売促進キャンペーンから3C（カー，クーラー，カラーテレビ）をもつことが平均化したためであると指摘している。

　しかし，その結果，交通事故死者数が激増して一万人を大きく超え，交通戦争として社会問題となった。1966年には，第1次交通安全施設等設備三カ年計画が策定され，防護柵や横断歩道橋の設置が進められた。ハード面での安全整備と同時に，現在では一般的になっている企業等組織体における安全運転管理者制度も1965年に発足し，ソフト面でも安全対策が進められた。このような背景の中で，心理学研究者が中心となり，1969年に大阪交通科学研究会が，1975年には交通心理学研究会（後の日本交通心理学会）が発足した。後者の設立に際して，「事故の最大の原因は車を操る運転者にあるが，交通に関する人間の諸要

注：本章は，読者の研究法レッスンの目的のために，原論文の一部分のみを強調して書き下ろしたものである。読後は，必ず原論文にあたって総合的な視野を広げ，さらにレッスンを深めてもらいたい。

1 先行研究：安全運転の行動を心理学的に追及する

因が十分に解明されていないので，それを解明すること」が目的とされた（宇留野，1995）。内山（1968）は，このような当時の社会問題に取り組むために実施された。

研究の概要

内山（1968）は，当時，交通事故の騰勢が一向に衰えない状況で，交通環境だけでなく運転者の意識を正確にとらえ，実情に応じた対策をたてる必要があると考えた。つまり，「交通モラル向上」のスローガンが十分に成果をあげていないのは，運転者の意識面の解明がなされていないためと考えたのである。

調査では，交通モラルの高さを知る指標として，次の3項目を取りあげた。

①交通法規の違反を否定する態度
②法規違反がもたらす結果の重大さよりも，その原因をより重視する態度
③交通法規の違反による罪悪感の程度

①については，1964年度交通安全県民運動の実施事項13項目のうち，事故に直接結びつきやすい交通法規違反，すなわち無免許運転，踏切一時停止違反，信号無視，横断一時停止違反，追い越し違反，速度違反，飲酒運転，そして，歩行者の立場から車の直前直後横断，対面交通違反の9種を取りあげている。これらの違法行為は当然否定されるべきであるが，交通モラルの低い場合には，必ずしも否定されないことがある。違法精神の低い運転者は，違法行為を行なう理由によっては，それを仕方がないことと考えやすいからである。それぞれの違反に2問ずつ設定し3件法で尋ねている。

②については，違反行為がもたらす事故の大きさよりもその原因を重視する態度があげられている。問いでは，けが人こそ出なかったが，速度違反と追い越し違反を重ねて事故をまねいた事例Aと，いちおう法規は守っていたが，ちょっとした気のゆるみで追突し，3人の重傷者がでた事故をまねいた事例Bとを比較し，そのいずれがより非難されるべきかを調べている。これは，年齢とともに過失の結果よりも意図（原因）を重視するように発達していくという，ピアジェ（Piaget, 1932）が幼児期における道徳的判断に関して述べている知見を参考にしている。設問ではどちらの事例がより非難されるべきであるかにつ

いて5件法で回答を求めている。

③の違反による罪悪感については，違反行為のうち，最も悪質と思われる無免許運転に着目し，これと他の軽犯罪といわれる行為について5段階による対比較を行なった。すなわち，酔って他人に乱暴する暴力行為，汽車の窓から空き瓶などを投げすてる危険行為，夜おそく近所にやかましいほどラジオの音を高くして聞いているという迷惑行為との比較である。

方法
(1)被調査者：乗合自動車運転者，トラック運転者，ダンプカー運転者，自家用自動車運転者，それぞれ400名，合計1600名が調査対象となった。
(2)調査年および場所：1965年，愛知県
(3)手続き：愛知県交通安全推進協議会を通して実施された。

結果と考察
①の法規を違反する態度については，各違反行為について，それらの違反を絶対にいけないとしたものの割合を算出した。ここでは，2節の調査結果と比較を容易にするため，図5-1にあわせて示した。図から追い越し違反，速度違反，および飲酒運転を否定する態度，また歩行者として対面交通違反を否定する態度が低いことがわかる。

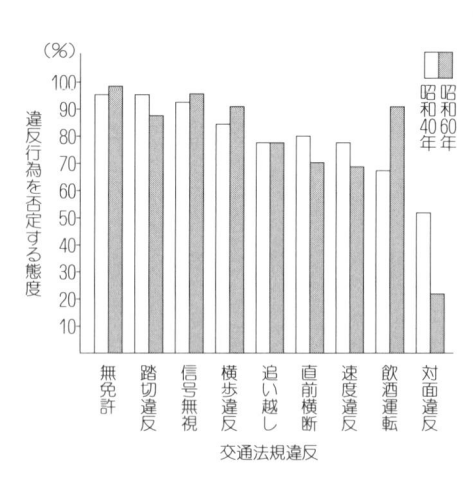

◐図5-1　1965(昭和40)年と1985(昭和60)年における「違反を否定する態度」の比較(内山，1987)

① 先行研究：安全運転の行動を心理学的に追及する

②の原因を重視する態度については、2節の調査結果とあわせて図5-2に示した。全体では、この調査時点で原因を重視する態度が高いことがわかる。また、運転経験による差異の分析では、運転経験とともに原因を重視する態度が高まることが明らかになっている。

③の無免許運転と他の軽犯罪との比較結果は、表5-1に示した。無免許運転は、

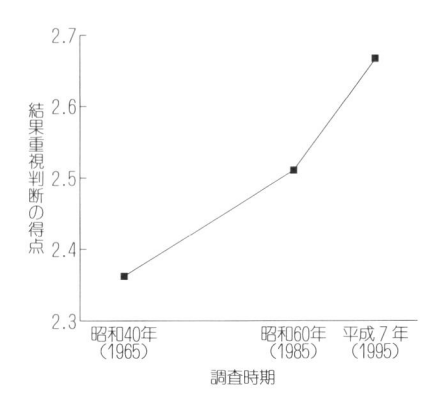

質問項目：次のような場合、AさんとBさんとどちらがより非難されるべきだと思いますか。
「Aさんは、急いでいたため、制限速度60キロメートルのところ90キロメートルのスピードをだし、前車を無理に追い越そうとして、接触事故を起こしましたが、幸い怪我人はでませんでした。Bさんは、制限速度を守って運転していましたが、ちょっとした気のゆるみから前車に衝突し、同乗者3名に重傷を負わせました。」
この質問に「1．Aさんの方が絶対に悪い」から、「3．どちらともいえない」を経て、「5．Bさんの方が絶対に悪い」までの5段階評定で回答。得点が高いほど、Bさんが悪いと判断している、すなわち、結果重視の傾向にある。

● 図5-2 原因を重視する態度の推移（内山，2000）

● 表5-1 1965年における法規違反による罪悪感の比較（内山，1968）

	無免許	暴力行為	危険行為	迷惑行為
無免許	—	58	73	72
暴力行為	13	—	33	67
危険行為	8	29	—	45
迷惑行為	7	8	14	—

（注）表5-1、2、3の数値は、「そのほうが絶対に悪い」と答えたものを1点、「どちらかといえば悪い」と答えたものを0.5点とし、100点満点に換算したものである。
　左列に記載した行為の方が上段に記載した行為より悪いとした得点を表わす。
　たとえば、無免許と暴力行為を比較した場合、無免許が暴力行為より絶対に悪いとするもの50％、どちらかといえば悪いとするもの16％、どちらともいえないもの18％、逆に暴力行為が無免許より絶対に悪いとするもの10％、どちらかといえば悪いとするもの6％としよう。
　暴力行為に対する無免許行為の罪悪感は1点×50＝50点、0.5点×16＝8点、合計58点となる。無免許に対する暴力行為の罪悪感は、1点×10＝10点、0.5点×6＝3点、合計13点となる。

他の軽犯罪すべてよりも悪いと感じられていることがわかる。また，運転車種別の検討では，無免許運転に対する罪悪感は自家用自動車運転者で最も高く，トラック運転者で最も低いことが明らかになった。

② 本研究：安全意識の時代差を追及する──内山（1987）

本研究の時代背景

1960年に増加した交通事故による死者は，交通安全施策の実施により減少していった。しかし，1980年代になって，交通安全のための道路環境が改善されたにもかかわらず，再び交通事故死者が増加した。1986年には交通事故非常事態宣言が発令されるなど，第2次交通戦争といわれる状況になった。ハード面の対策は進んでいたため，交通事故による死者増は運転者の安全意識に問題があるのではないかと考えられた。

調査の概要

運転者の交通モラルの現状を把握し，それにあった安全施策を設定するための基礎資料を得ることが調査目的であった。1983年から1985年にかけて，当時の日本交通心理学会宇留野藤雄会長が中心となり，科学研究費補助金を受けた「自動車運転行動の安全と教育に関する総合的研究」が実施された。そのなかで，1965年に実施された安全意識調査を再び実施し，20年間における安全意識の変化をとらえることにより，時代差を検討することとなった。交通モラルの指標として，先行研究（内山，1968）と同様の3項目が取りあげられた。

第2の目的は，1965年の調査で「結果よりも原因を重視する態度」の測定にピアジェ（Piaget）の幼児道徳発達の知見，すなわち結果重視から意図（原因）重視に発達すると述べていることを参考に設問したが，ここで交通道徳（交通モラル）の指標として用いうるかどうかを確認することであった。

方法

(1)被調査者：愛知県における運転免許証更新者524名（内，3年間以上無事故・無違反者は268名，3年間以内に事故か違反を経験した者は256名）と愛知県の交通安全協会の違反者講習受講者218名が調査対象となった。

(2)調査年および場所：1985年，愛知県

(3)手続き：愛知県警察，愛知県交通安全協会の協力を得て，運転免許試験場において実施された。

結果と考察

①の法規を違反する態度については，前節と同様に，それらの違反を絶対にいけないとしたものの割合を算出した。それを前回の調査結果とあわせて，図5-1に示した。まず，無事故・無違反者，事故違反経験者，および免停者の比較をしたところ，踏切一時停止違反，信号無視，車の直前直後横断，速度違反，飲酒運転，および対面交通違反に有意な差がみられ，すべて無事故・無違反者の違反を否定する態度が高いことが明らかになった。

時代差については，今回の調査では，1965年の調査対象と比較を可能にするように，無事故・無違反者と事故違反経験者の結果を合算して，一般運転者とした。図5-1から，1965年に否定する態度が高かった違反と，その逆に1985年に否定する態度が高かった違反があることがわかる。無免許運転については，両測定時点ともに95％以上の運転者が絶対にいけないとしており，一貫して否定する態度が強いことがわかる。信号無視についても，1965年の95％に対して1985年には92％と否定する態度が減少しているものの，依然高い否定率を示している。速度違反と車の直前直後横断違反については，否定的態度が大きく減少している。このように，事故の原因となりやすい速度違反と歩行者としての車の直前直後横断に対する受容方向への変化が交通事故を増加させているのではないかと考えられる。

しかし，飲酒運転に対しては，20年間で否定する態度が大きく増加しており，交通安全運動の効果があったのではないかと考えられる。

②の原因を重視する態度については，2節の調査結果とあわせて，図5-2に示した。得点が高いほど結果重視の傾向が強いことを表わしているが，この20年間で原因を重視する態度が低下していることがわかる。

ここで，第2の目的であった原因を重視する態度と交通モラルの高さの関係を検討するために，違反と事故の有無による差を検討した。その結果を図5-3に示した。図からわかるように，事故違反経験が多いほど原因を軽視する傾向が

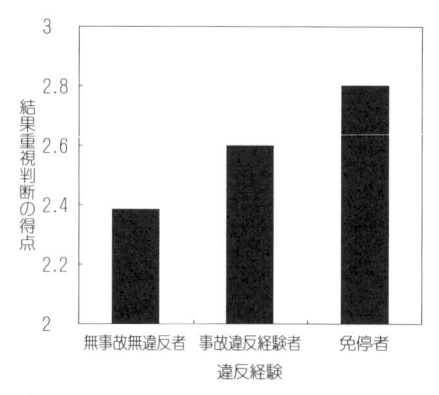

●図5-3　事故・違反経験による「原因を重視する態度」の比較（内山，1987）

あることが明らかになった。これは，原因を重視する態度が交通モラルに反映していることを示している。

③の無免許運転と他の軽犯罪との比較結果は，無事故無違反者と事故違反経験者を合わせた結果を一般運転者として表5-2に示した。また，免停中の運転者の結果を表5-3に示した。

まず，1985年における事故・違反経験による差を検討する（表5-2，5-3参照）。たとえば，暴力行為に対する無免許運転の罪悪感をみてみよう。一般運転者は

●表5-2　1985年における一般運転者の法規違反による罪悪感の比較（内山，1987）

	無免許	暴力行為	危険行為	迷惑行為
無免許	—	42	67	61
暴力行為	9	—	39	48
危険行為	3	9	—	21
迷惑行為	4	5	17	—

●表5-3　1985年における免停者の法規違反による罪悪感の比較（内山，1987）

	無免許	暴力行為	危険行為	迷惑行為
無免許	—	36	61	59
暴力行為	14	—	40	51
危険行為	4	9	—	26
迷惑行為	6	3	14	—

42であるのに，免停者は36である。このように無免許運転を悪いと感じる傾向は事故や違反経験の少ない運転者に強い傾向がある。そこで，時代差をみると（表5-1, 5-2），同様に無免許運転に対する罪悪感が暴力行為との比較において，1965年の58から1985年の42に低まっている。これは，ちょっとした暴力行為よりも無免許運転に強い罪悪感を感じていたのが，20年間ですぐに悪い結果が顕在化する暴力行為の方を悪く感じるように変化したといえる。つまり，無免許運転の意図は悪いが，必ず大きな被害（結果）をもたらすわけでないことが，違反に対して寛容にさせていると推察できる。

これらの結果を総合的にみて，ここ20年間で交通モラルが低下していることが明らかになった。これは，地道な努力よりも華やかなパフォーマンスを注目する風潮，すなわち原因や意図よりも結果を重視する社会風潮が一因となっているのであろう。

③ 本研究の評価

本章では，時代差についての心理学的検討を紹介するために，交通モラルの推移について明らかにした研究を取りあげた。2節で紹介した調査は，当時の交通事故による死者が再び増加して社会問題となった状況で，運転者の交通安全意識を明らかにした基礎研究として評価できる。この20年間で交通安全意識が低下した様相が明らかになった。

また，ピアジェ（Piaget）の道徳発達に関する考え方を成人の交通安全意識に反映させうることを確認し，時代差研究に用いた点でも評価できる。

しかし，運転者の交通安全意識が低下した理由について，さらに踏み込んで検討することがむずかしいのは，この種の研究の限界といえよう。一般に，第1回の調査を実施するとき，それ以後の推移についての追跡調査を意識していない。また，その時点でその後の推移の方向性とそれに関連する要因を完全に予測することはできないので，以前の調査時点で測定しておけばよかったと思う点がでてくるのである。個人の研究者が長い年月をかけて計画的に行なう場合でない限り，これは仕方のないことであろう。

1節と2節で紹介した研究が，まったく同一の手続きでデータを集めていな

い点は，時代差研究のむずかしさを反映している。図5-2に示したように，2節で紹介した調査の後，さらに10年後の1995年にも追跡調査している。その調査は，JAF中部本部の協力を得て，愛知県下に在住の運転者に郵送法で行なっている。国民性調査のように中央官庁が定期的に収集するデータは，長期間にわたる変化が毎回同一の手法でとらえられている点で貴重である。また，発達心理学の研究手法として，コホート分析がある。これは，同一の被調査者を継時的に追跡調査する縦断的手法と，同時に異なる年齢段階の調査を行なう横断的手法を組み合わせたものである。異なる複数の年齢群の継時的調査を行なうことにより，時代背景の効果も測定しようというものである。これも計画的な時代差研究といえる。

しかし，心理学研究者が時代差を検討しようと試みる場合，経済的にも人的資源でもそれほどめぐまれた状況におかれていないことが多い。したがって，方法的には，許す限りできるだけの同質性を保つ一方で，その時代差研究が心理学的にいかに重要であるかという問題意識に力を注ぎ，ポイントを絞って研究にあたることが大切となる。

社会的に同一の存在と考えられる人々が，時代の影響を受け，異なる心理機能を働かせるということは，文化の影響とも考えられ，時代差研究は一種の文化研究であるといえる。したがって，時代による変化が生じた理由について言及ができると，優れた時代差研究といえよう。

④ 読者のために──コーヒーブレイク──

何らかの問題意識がまとまり，先行研究を検索する場合，結果の処理の仕方が先行研究としての適切さの一指標となる。平均値や度数などの記述的なデータが明確にされているなら，追試で得られたデータとの間で統計的検定にかけることもできるから有利である。ここでは，交通心理学の研究を手がけようという読者のために，概説書を紹介することにする。

交通行動について，心理学の立場からわかりやすく書いたテキストとして，次の書物がある。

4　読者のために──コーヒーブレイク──

● 蓮花一己（編）　2000　交通行動の社会心理学　北大路書房

また，次にあげる書は多数の交通に関する心理学者や工学者が最新の交通安全に関する知識を集大成した書物として一読の価値がある。
● 大阪交通科学研究会（編）　2000　交通安全学　企業開発センター

このような書物を手がかりに，さらに関心ある領域の研究論文にあたって，知識を深められることを期待している。

引用文献

大阪交通科学研究会（編）　2000　交通安全学　企業開発センター
Piaget, J.　1932　*Le jugement moral chez l'enfant*.　大伴　茂（訳）　1954　児童道徳判断の発達　同文書院
蓮花一己（編）　2000　交通行動の社会心理学　北大路書房
内山伊知郎　1987　運転者の交通モラルに関する研究　交通心理学研究, 3, 1-6.
内山伊知郎　2000　交通モラルの推移と幼児安全教育　大阪交通科学研究会（編）交通安全学　企業開発センター　Pp.125-129.
内山道明　1968　安全運転の心理学　黎明書房
宇留野藤雄　1995　学会20年のあゆみと次世代の課題を考える　交通心理学研究, 11(2), 1-4.

コラム 4　社会心理学への招待——傍観者による援助行動の生起要因——　（植村善太郎）

　1960年代の米国において，ある若い女性が深夜帰宅途中，自宅アパートの駐車場で暴漢に襲われた。男にナイフで切りつけられた彼女は，大声で助けを求めた。叫びを聞いて，付近住民38人が明かりをつけ，窓から顔を出した。しかし，彼女を助けに駆けつけるどころか，警察に通報するものも1人もいなかった。暴漢は彼女を約30分間にわたって何度も刺し，殺害した。その間，38人は何の援助行動も行なわず，いわば彼女を見殺しにしてしまった。

　傍観者たちはなぜ何の行動も起こさなかったのであろうか。当時のマスコミは都市化や，現代人の冷淡さを事件の背景として指摘した。それに対して，ラタネとダーリー（Latané & Darley, 1970）は，緊急事態の状況要因によって，傍観者が援助を行なうか否かが決定されると考え，その状況要因の1つに傍観者の人数があると考えた。他者が自分と同じ事態を目撃していることを知っている場合，その事態を改善する責任は，自分以外の他者にも分散される。したがって，傍観者の数が多いほど，1人にかかる責任は軽くなり，援助行動は生起しにくくなる。逆に，その事態を知っているのは自分だけだとすれば，責任は分散されず，何らかの行動が起こされることが多くなる。

　この仮説に関して，彼らは次のような実験を行なった。被験者には，マイクとスピーカーとを通してのみ他の参加者と通話できる個室に来てもらった。被験者たちには，実験目的は大学生がどのような個人的問題を抱えているかを知るためのものであると当初説明された。参加者は，自分の抱えている問題について1人2分間ずつ順番に発言するように依頼された。各参加者の持ち時間中は，その参加者のマイクのみが作動しており，他の参加者はその参加者の発話を聞くのみで，発話者とも他の参加者とも通話はできなかった。この状況で，参加者の1人（じつは事前に作成されたテープレコーダーの声）が発言中に，病気の発作のような危険な事態に陥る。援助のためには，個室から外に出て，誰かに事態を報告しなければならなかった。

　このような設定で，実験に参加したとされる人数が操作された。本当の被験者と発作を起こす被験者の2名の条件，2名の条件にもう1名足した3名の条件，2名の条件に4名足した6名の条件の3条件が設定された。じつは，本当の被験者以外の参加者はすべて事前に録音されたものであった。

　結果は明確に，参加者数が報告の有無，および報告の早さに影響することを示した（表1）。報告可能な人間が自分しかいない場合，すべての参加者が事態を報告した。報告可能な人間が自分のほかに4人いる場合，発作中に報告した人は31％，実験時間中に報告した人全体でも62％であった。この結果は，仮説を支持し，傍観者が複数存在することは，責任の分散を生起させることを示し

●表1　傍観者の数が緊急事態の報告と，その速さに及ぼす効果（Latané & Darley, 1970をもとに作成）

実験参加人数	被験者1人にかかる責任	発作中に報告した被験者の%	待ち時間中に報告した被験者の%	報告までの時間（秒）
2名（被験者と病人）	大	85	100	52
3名（被験者，病人，未知の1人）	中	62	85	93
6名（被験者，病人，未知の4人）	小	31	62	166

た。

　不幸な事件において，傍観者が援助行動を起こさなかったことについて，前述のように，当時のメディアは，都市化や人々の冷淡さをその原因としてあげていた。しかし，この一連の研究は，緊急事態の状況要因が傍観者の援助行動を抑制した可能性が高いことを示した。社会的な事件について，科学的な手法によって，常識的理解とは異なる新たな視点を提出した意義は大きいといえる。

　社会心理学の研究が，つねにこのような社会的な事件と密接な関係にあるわけではないが，社会における人間の行動を解明しようとする姿勢は多くの研究が共有している。社会心理学の研究対象は，個人から，集団，そして社会全体にわたっており，研究手法もここで紹介した実験的手法以外にも，その研究目的に応じて，質問紙調査，面接調査，観察などが用いられている。多様な方法を駆使して，社会における人間の複雑な行動を解明しようとするのが社会心理学である。

■引用文献■

Latané, B. & Darley, J.M.　1970　*The unresponsive bystander : Why doesn't he help?* New York : Appleton-Century Crofts.　竹村研一・杉崎和子（訳）1997 ［新装版］冷淡な傍観者――思いやりの社会心理学――　ブレーン出版

〈推薦書1〉：高木　修　1998　人を助ける心――援助行動の社会心理学――　サイエンス社
〈推薦書2〉：小林　裕・飛田　操（編著）　2000　【教科書】社会心理学　北大路書

6章 エントリー・モデル4：文化普遍性を追求する

　この章では，外国や異文化で報告・評価されたすぐれた先行研究をわが国において再照合したモデルを紹介する。文化的な普遍性を確認することがねらいである。まず最初に，アイゼンバーグ＝バーグ (Eisenberg-Berg, 1979)の研究の背景と研究にいたった目的ならびにその成果を紹介する。次に，この研究を先行研究として位置づけたエントリー・モデル4による研究(宗方・二宮，1985)の概要を述べる。最後に，その研究の総合的な成果を考察する。

① 先行研究：向社会的な道徳的判断の発達——Eisenberg-Berg(1979)

目的　コールバーグ (Kohlberg, 1969)の提起した道徳的判断の発達理論は，法律，規則，罰，権威や形式的義務などの問題を含んだ道徳的ジレンマについての判断であり，禁止に方向づけられた側面しか扱っていない。道徳性のポジティブな側面についての道徳的判断の研究が必要であるとして，次の目的で研究が行なわれた。自分の要求と他者の要求が相対立する向社会的(prosocial)な道徳的ジレンマについて，子どもの理由づけの発達を検討すること，向社会的な道徳的判断の構造と道徳的ジレンマについての例話の解決との間の関連をみることである。

方法　(1)被調査者：小学校2年生14名(男子9名，女子5名)，小学校4年生21名 (男子11名，女子10名)，小学校6年生18名 (男子11名，女子7名)，中学校3年生25名 (男子12名，女子13名)，高校2年生22名 (男子11名，女子11名) および高校3年生25名 (男子12名，女子13名)の合計125名。
　(2)測度：主人公の要求と他者の要求とが相対立する場面が描いてある向社会的な道徳的判断を問う例話4問を用いた。

注：本章は，読者の研究法レッスンの目的のために，原論文の一部分のみを強調して書き下ろしたものである。読後は，必ず原論文にあたって総合的な視野を広げ，さらにレッスンを深めてもらいたい。

1 先行研究:向社会的な道徳的判断の発達

代表的な例話は,次のようなものである。

「ある村で,人々が夏のあいだいっしょうけんめい働いたのに,秋には村の人々がやっと食べられるだけの食物しかとれませんでした。そのころ,となりの町で,川の水がいっぱいになって汚い水があふれ出し,食物がくさってしまい,食べ物がなくなってしまいました。となりの町の人々は村の人々に『食べ物を少しでもいいから分けてください』と頼みました。村の人々はとなりの町の人々に食べ物を分けてあげると,自分たちも飢えてしまうかもしれません。そのうえ,となりの町は村からかなり遠いところにあって,道路も悪いので,食べ物も簡単に運べません」

例話を聞かせた後,次の2つの質問をした。「主人公はどうすべきか」(たとえば,助けるべきか助けなくてもよいか),「なぜそうすべきか」。この2つの質問によって,向社会的な判断と理由づけを問うている。

(3)手続き:個別面接で実施し,各例話を読んで聞かせた後,子どもたちの反応(判断とその理由づけ)をテープレコーダーに記録した。

結果　例話に対する判断の理由づけを,表6-1に示した10のカテゴリーに分類している。主要な結果として,小学生の反応は,快楽主義的,紋切り型,承認や対人関係,他者の要求への関心という理由が多かった。紋切り型あるいは承認指向の理由は年齢とともに減少し,共感的な理由が増加するというものであった。

また,「助ける必要はない」という向社会的とはいえない判断は,快楽的理由づけと関連していることなどが明らかにされている。

この先行研究の後,アイゼンバーグ・レノン・ロス(Eisenberg, Lennon, & Roth, 1983)は縦断的研究を行なって,次の6つの発達レベルを提起している(詳しくは表6-2)。

レベル1:快楽主義的・自己焦点的指向
レベル2:他者の要求に目を向けた指向
レベル3:承認および対人的指向あるいは紋切り型の指向

●表6-1　10の理由づけカテゴリー（アイゼンバーグ＝バーグ，1979）

①権威や罰に対する強迫的または神秘的な考え方
②快楽的理由づけ
　(a)自分への実際的で快楽的な利得
　(b)直接的な互恵性
　(c)親愛関係
　(d)社会的に受入れられる合理化を伴う快楽的で実際的な考え方
③快楽的でない実際的な考え方
④他者の要求への関心（要求指向の理由づけ）
　(a)他者の身体的な物質的な要求への関心
　(b)他者の心理的な要求への関心
⑤人間性への言及と関心
⑥紋切り型の理由づけ
　(a)良い人，悪い人といった紋切り型
　(b)大多数の行動の紋切り型のイメージ
　(c)他者やその役割の紋切り型のイメージ
⑦承認や対人的指向
⑧明らかな共感指向
　(a)同情指向
　(b)役割取得
⑨内面化された感情
　(a)単純に内面化された肯定的感情および結果に関連した肯定的感情
　(b)自尊心や自分の価値に応えたことから生じる内面化された肯定的感情
　(c)行動の結果についての内面化された否定的感情
　(d)自尊心の喪失や自分の価値に応えなかったことから生じる内面化された否定的感情
⑩抽象的で内面化された理由づけのタイプ
　(a)内面化された法律，規範，価値指向
　(b)他者の権利への関心
　(c)一般化された互恵性
　(d)社会状況への関心

レベル4a：自己反省的な共感的指向

レベル4b：移行段階

レベル5：強く内面化された段階

これらの発達レベルの進行が年齢の上昇に伴ってみられることを明らかにしている。

② **本研究：向社会的な道徳的判断の発達の文化差を追求する**

●表6-2 「向社会的」行動についての判断の発達（アイゼンバーグ他，1983）

レベル	概　　要	おおよその年齢
1：快楽主義的・自己焦点的指向	道徳的な配慮よりも自分に向けられた結果に関心をもっている。他人を助けるか助けないかの理由は、自分に直接得るものがあるかどうか、将来お返しがあるかどうか、自分が必要としたり好きだったりする相手かどうか（感情的な結びつきのため）、といった考慮である。	小学校入学前および小学校低学年
2：他者の要求に目を向けた指向	たとえ他人の要求が自分の要求と相対立するものでも、他人の身体的、物質的、心理的要求に関心を示す。この関心は、自分でよく考えた役割取得、同情の言語的表現や罪責感のような内面化された感情への言及といった事実ははっきりと見られず、ごく単純なことばで表明される。	小学校入学前および多くの小学生
3：承認および対人的指向、あるいは紋切り型の指向	良い人・悪い人、良い行動・悪い行動についての紋切り型のイメージ、他人からの承認や受容を考慮することが、向社会的行動をするかどうかの理由として用いられる。	小学生の一部と中・高校生
4a：自己反省的な共感的指向	判断は、自己反省的な同情的応答や役割取得、他人への人間性への配慮、人の行為の結果についての罪責感やポジティブな感情などを含んでいる。	小学校高学年の少数と多くの中・高校生
4b：移行段階	助けたり助けなかったりする理由は、内面化された価値や規範、義務および責任を含んでおり、より大きな社会の条件、あるいは他人の権利や尊厳を守る必要性への言及を含んでいる。しかし、これらの考えは明確に強く述べられるわけではない。	中・高校生の少数とそれ以上の年齢の者
5：強く内面化された段階	助けたり助けなかったりする理由は、内面化された価値や規範、責任性、個人的および社会的に契約した義務を守ったり、社会の条件を良くしたりする願望、すべての個人の尊厳、権利および平等についての信念に基づいている。自分自身の価値や受容した規範に従って生きることにより、自尊心を保つことにかかわるプラスあるいはマイナスの感情も、この段階の特徴である。	中・高校生の少数だけで、小学生には全く見られない

② 本研究：向社会的な道徳的判断の発達の文化差を追求する
——宗方・二宮（1985）

目的　アイゼンバーグ＝バーグ（Eisenberg-Berg, N., 1979）ならびにアイゼンバーグ他（1983）が提起した向社会的な道徳的判断の発達の様相やその発達レベルの文化普遍性を確認するため、できるだけ先行研究の手続きに近いかたちで、日本の子どもを対象に追試検討することが目的である。
具体的には、(1)向社会的な道徳的判断が年齢あるいは性別によって異なるか否か、(2)判断の理由づけを表6-1に示した10のカテゴリーに分類したとき、その結果が年齢や性別によって異なるか否か、(3)6つの発達レベルに分

けたとき，年齢があがるにつれレベルの上昇がみられるか，の3点を検討することである。

方法

(1)被調査者：保育園年中組（平均年齢5歳6か月），小学校1年生（7歳6か月），小学校3年生（9歳4か月），小学校5年生（11歳5か月），中学校1年生（13歳2か月），中学校3年生（15歳4か月），高校2年生（17歳5か月）の各学年それぞれ男子10名，女子10名の合計140名。

(2)測度：アイゼンバーグ＝バーグ（Eisenberg-Berg, N., 1979）と同様に，主人公の要求と他者の要求とが相対立する場面が描いてある向社会的な道徳的判断を問う例話4問を用いた。なお4問のうち，2つは被験者と同じぐらいの年齢の主人公が登場し，残りの2つは大学生と一般の人が主人公として登場するよう作成した。例話中の主人公の性別は被験者と同性となるようにした。こうすることで，被調査者にとって身近な問題として考えられやすいようになったと思われる。

「主人公はどうすべきか」，「なぜそうすべきか」という2つの質問をし，向社会的な判断とその理由をたずねた。

(3)手続き：個別に実験室となる部屋に連れてきて，次のような教示をする。

「今から全部で4つのお話を読みます。はじめの2つはあなたと同じくらいの年の子のお話です。あとの2つは，大人の人のお話です。それぞれのお話の中では，主人公がどうしたらよいか困っているところがでてきます。あとでいろいろ質問しますから，よくお話を聞いていてください」。

子どもの反応（判断と理由づけ）はすべてテープレコーダーに記録した。

結果

全体的にみて，向社会的な道徳的判断に関しては，顕著な年齢差，男女差は見られず，ほとんどの者が「助ける」という判断をしている。

判断理由については，10のカテゴリーのうち半数のカテゴリーには年齢に対応する差異はみられないが，残りの半数に関しては，高次のカテゴリーになるほど，高い年齢で出現数が増える傾向にある。

③ 本研究の評価

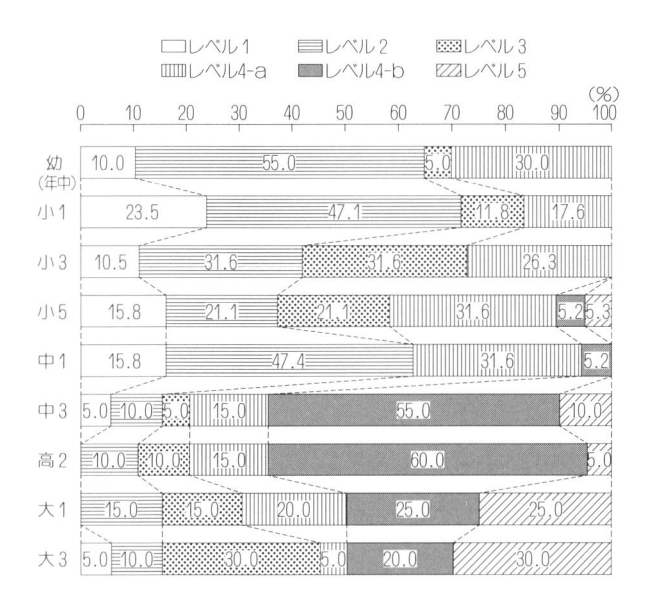

```
       □レベル1    ▤レベル2    ▦レベル3
       ▥レベル4-a  ■レベル4-b  ▨レベル5
                                          (%)
  0  10  20  30  40  50  60  70  80  90 100
```

学年	レベル1	レベル2	レベル3	レベル4-a	レベル4-b	レベル5
幼(年中)	10.0	55.0	5.0	30.0		
小1	23.5	47.1	11.8	17.6		
小3	10.5	31.6	31.6	26.3		
小5	15.8	21.1	21.1	31.6	5.2	5.3
中1	15.8	47.4		31.6		5.2
中3	5.0	10.0	5.0	15.0	55.0	10.0
高2	10.0	10.0	15.0		60.0	5.0
大1	15.0	15.0	20.0	25.0		25.0
大3	5.0	10.0	30.0	5.0	20.0	30.0

● 図6-1　学年別にみた向社会的判断の発達レベル
（宗方・二宮，1985；Ninomiya, 1987より作成）

　発達レベルに分けてみると，各学年ごとの男女差は見られなかった。男女をまとめた発達レベルの学年別分布を図6-1（Ninomiya, 1987の大学生の結果も追加）に示した。この結果から，発達レベルの順序性を支持する傾向にあることが指摘できる。

　なお，本研究では①実際主義的反応と快楽主義的反応が同じレベル1に含まれることの疑問と，②「かわいそうだから」という反応がレベル4aとしての共感的意味を有しているかどうかという疑問が提出されている。

③ 本研究の評価

　他人あるいは他の人々の集団を助けようとしたり，こうした人々のためになることをしようとする自発的な行動のことを，向社会的行動(prosocial behavior)という。アイゼンバーグとフェイブス(Eisenberg & Fabes, 1998)は，向社会的行動の生起に関連するモデルを図6-2のように示している。どのようなしつ

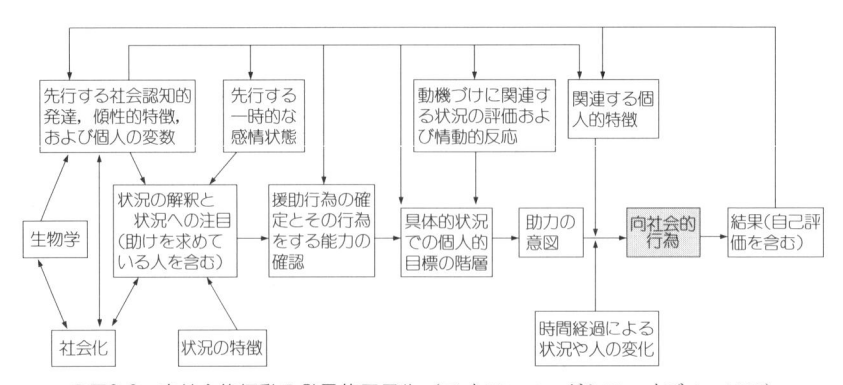

●図6-2　向社会的行動の発見的モデル（アイゼンバーグとフェイブス，1998）

けを受けてきたのかといった社会化の要因をはじめとして，個人の特徴，状況の解釈や判断の過程，助力の意図，動機づけや感情，向社会的行動をした後の自己評価の問題など，さまざまな要因がかかわっていることがわかる。

　ここで紹介した向社会的な道徳的判断は，ある状況の中で自分がどう行動したらよいのかを決定する基本的な枠組みとなるものである。より高いレベルの理由に裏付けられた向社会的行動になるにしたがって，安定した節度あるものになるといえる。

　本研究の意義は，向社会的な道徳的判断の発達過程を日本の子どもたちを対象に検討し，その発達レベルの妥当性を確認した点にある。特に，調査対象を先行研究よりも幅広くとり，小学校入学前から大学生までを対象にしている。

　また年中児でも「かわいそうだから」という理由づけが多く見られ，それを共感的指向として分類した結果，レベル4aが日本では年中児からみられることを指摘している。文化的背景を考慮しつつ，先行研究のレベルの評定に何らかの修正が必要である。このあたりが，追試研究としての本研究の成果を一般化する上での問題点であろう。

④　読者のために──コーヒーブレイク──

　アイゼンバーグ＝バーグの先行研究は，いわゆる「思いやり」に相当する研究がはじまった先駆け的研究である。この研究以後，かなり多くの研究がこの

④ 読者のために——コーヒーブレイク——

テーマについてなされるようになった。

本研究を実施するために，二宮・宗方（1985）は，先行研究に関連する研究の展望を行なっている。こうした先行研究を概観する作業は，本研究の位置づけをする上で，大切な作業である。研究を実施する前に，必ずその研究領域の先行研究を整理し，まとめておくことが望ましい。

ところで，アイゼンバークは，精力的に研究を実施しており，その代表的な著作は次の翻訳書で読むことができる。

- 菊池章夫・二宮克美（訳） 1991 思いやり行動の発達心理 金子書房 （Eisenberg, N., & Mussen, P. 1989 *The roots of prosocial behavior in children*. Cambridge University Press.）
- 二宮克美・首藤敏元・宗方比佐子（訳） 1995 思いやりのある子どもたち：向社会的行動の発達心理 北大路書房 （Eisenberg, N. 1992 *The caring child*. Harvard University Press.）

また，この領域の最近の研究の到達点を知りたい場合は，アイゼンバーグとフェイブスの1998年の論文を読んで欲しい。今回紹介した向社会的判断や理由という認知発達の側面だけでなく，さまざまな視点から向社会的行動の発達が論じられている。

さらに，もっと広い視点から道徳性や思いやりの発達を論じた本は，次の翻訳書で読むことができる。

- 菊池章夫・二宮克美（訳） 2001 共感と道徳性の発達心理学：思いやりと正義とのかかわりで 川島書店 （Hoffman, M. L. 2000 *Empathy and moral development*：*Implications for caring and justice*. Cambridge University Press.）

ところで，研究を実施していく上で，論文からだけでは読み取れない点，わからない点や疑問点が出てくる。そうした点をわからないまま研究を進めるのではなく，できるだけ著者に問いあわせて，研究を行なうことが大切である。そうしたやりとりを行なう中で，著者との面識ができ，それが新たな研究の刺激となることがある。二宮とアイゼンバーグは，1987年に初めて顔をあわせて以来，何度か会ってきた。図6-3は，1999年3月にアイゼンバーグが日本発達心

●図6-3　アイゼンバーグと筆者

理学会で講演するために来日した時の写真である。論文を読むだけでなくいっしょにいろんな話をする中で，その研究に対する姿勢や考え方を知るようになり，論文だけからは知り得ない情報を得ることができる。こうしたつき合いが，研究を通してできるようになることこそ，研究をさらにおもしろく感じるきっかけになるのだろう。

引用文献

Eisenberg, N. 1992 *The caring child*. Cambridge：Harvard University Press. 二宮克美・首藤敏元・宗方比佐子（訳）1995　思いやりのある子どもたち：向社会的行動の発達心理　北大路書房

Eisenberg, N., & Fabes, R.A. 1998 Prosocial development. In N. Eisenberg(Ed.) *Handbook of Child Psychology*, 5th edition, Vol. 3. Pp. 701-778. New York：Wiley.

Eisenberg, N., Lennon, R., & Roth, K. 1983 Prosocial development：A longitudinal study. *Developmental Psychology*, **19**, 846-855.

Eisenberg, N., & Mussen, P. H. 1989 *The roots of prosocial behavior in children*. Cambridge：Cambridge University Press. 菊池章夫・二宮克美（訳）1991　思いやり行動の発達心理　金子書房

Eisenberg-Berg, N. 1979 Development of children's prosocial moral judgment. *Developmental Psychology*, **15**, 128-137.

Hoffman, M.L. 2000 *Empathy and moral development：Implications for caring and justice*. Cambridge：Cambridge University Press. 菊池章夫・二宮克美（訳）2001　共感と道徳性の発達心理学：思いやりと正義とのかかわりで　川島書店

Kohlberg, L. 1969 Stage and sequence：The cognitive-developmental approach to socialization. In D. A. Goslin(Ed.) *Handbook of socialization theory and research*. Pp. 347-480. Chicago：Rand McNally.

宗方比佐子・二宮克美　1985　プロソーシャルな道徳的判断の発達　教育心理学研究　第33巻　157-164.

Ninomiya, K. 1987 Prosocial moral judgments in Japanese adolescents. *Abstracts poster presentations in the 9th Biennial Meetings of International Society for the Study of Behavioural Development,* 181.
二宮克美・宗方比佐子　1985　プロソーシャルな道徳的判断に関する研究展望　名古屋大学教育学部紀要―教育心理学科―　第32巻　215-231.

コラム 5
発達心理学への招待

3歳半になる友人の子どもと出かけた。いつも手をつなぎたがるので、手を彼女に差し出すと、彼女は手をキュッとコートの袖の中に引っ込めた。それでもこちらが手をつなごうとすると、振り切るように走り出してしまった。それを見て「もう手をつないであげない！」とこちらが言うと、ちょっと間をおいて今度は彼女から「もう遊んであ～げない！」という返事が返ってきた。

驚いた。ついこの前までは手を差し出せば飛びついてきたのに……、しかもこんなことを言う、言えるなんて……。振り返ってみれば、似たようなことは以前にもあった。ひとりでお座りができるようになったころは誰に抱かれてもニコニコしていたのに、立ちあがるようになったころ、抱きあげようとするとこの世の終わりのような顔をして母親に助けを求める姿に変わっていた。子どもはこのように、次々に変化していくのだ、と彼女を見ていると改めて気づかされる。

自分を振り返ってみてもそうだが、人は成長とともに変化していく。気がつかなかったことに気がつくようになり、できなかったことができるようになっていく。発達心理学ではこういった人間の成長に伴う精神的な変化や行動的な変化がなぜ、どのように生じるのかについて考えている。かつては子どもが大人になる成熟までの過程をおもに追ってきたが、最近では受胎から死まで人の一生を追い、「成熟」という視点からだけでなく、人生のおのおのの段階で生じる課題にどう対応し、適応していくのかという視点から生涯発達心理学として「発達」をとらえるようになった。

「発達」をとらえる場合、人生を各時期に区切り、その時期にほぼ誰にでも共通して生じる社会的課題や心理的メカニズムを探るのが一般的になっている。時期としては「乳児期」「幼児期」「児童期」「青年期」「成人期」「老年期」と6つに区切られることが多い。私たちが生きていく過程を一通り追っており、そういう意味で発達心理学は私たちの日常と密接に結びついている学問といえる。

筆者は自分自身の経験から青年期の友人関係の発達的変化、特に中学時代には同じ行動をとることや合わせることに気を遣った友人関係が、徐々に「自分は自分」という具合に互いに違うことを認め合う関係へと変化する過程に興味がある。これらの変化は多くの青年に一般的に見られるのか、また実際にどのような変化の過程をたどるのかなどを明らかにしたかった。筆者はこれらを明らかにするために、中学生から大学生を対象に質問紙を用いて調査を行なった（榎本、1999）。これらの調査から、実際に男女とも中学生から大学生に変化するにつれて、同一・同質性を重視した関係から互いの違いを認めた異質性を受

（榎本淳子）

け入れる関係へと変化していくことがわかった。特に同一・同質性は男子では遊びを中心とした活動によって特徴づけられ，女子では趣味や行動の一致からくる類似性によって特徴づけられていた。また，女子は異質性を受け入れる関係を築く前に，互いの異質性を尊重しながら長電話をしたり，携帯電話で連絡を取り合ったりと他者を入れない絆で友人関係を形成することが示された。異質性を受け入れる関係を築くのは，男子より女子にとって複雑なプロセスがあるようすが窺われた。

　発達心理学の研究では，対象者の「発達」へのアプローチの仕方に「縦断的研究」と「横断的研究」の2種類がある。同一対象者をある一定期間追跡し，くり返し調査を行なう方法を縦断的研究という。この研究法は個人の発達を実際の成長を通してそのまま追える利点がある。さらに過去の経験と現在の状況とを結びつけやすいため，発達の因果関係もとらえやすい。

　異なった年齢群の対象者を比較することで発達を調査する方法を横断的研究という。上記の筆者の行なった研究は横断的研究といえる。この研究法はサンプルサイズを大きくできるうえ，縦断的研究のように同一の対象者に何度も調査をする必要がなく，手間がかからずに発達をとらえることができる利点がある。しかし個人がどのように発達していくのかという発達プロセスはとらえにくくなる。言うなれば，縦断的研究は発達を線でとらえ，横断的研究は点でとらえていることになる。それぞれに長所，短所があり，場合によってはこの2つの方法を補完的に併用することも考えられる。

　まずは何をどこまで明らかにしたいのかを明確にした上で，対象者の特質を考え，自分の研究にいちばん合った方法を選ぶとよいと思う。

■引用文献■

榎本淳子　1999　青年期における友人との活動と友人に対する感情の発達的変化　教育心理学研究，47, 180-190.

〈推薦書１〉：Sullivan, H.S.　1953　The interpersonal theory of psychiatry. NY：W. W. Norton.　中井久夫・宮崎隆吉・高木敬三・鑢　幹八郎（訳）1990　精神医学は対人関係論である　みすず書房

〈推薦書２〉：無藤　隆・久保ゆかり・遠藤利彦　1995　発達心理学（現代心理学入門２）岩波書店

7章 エントリー・モデル5：実証された理論を別領域に応用する

　この章では，レイヴとウェンガー（Lave & Wenger, 1993）の「正統的周辺参加」をもとに，幼稚園児の適応において再照合する。これによって，実証された理論を別領域に応用することをねらう。

　まず，本章の最初に，レイヴとウェンガー（1991/1993）の研究の背景と研究にいたった目的・成果をおさえる。次に，この研究を先行研究として位置づけたエントリー・モデル5による研究（刑部，1998）の概要を述べる。最後に，この刑部（1998）の研究による総合的な成果を考察する。

1　先行研究：状況に埋め込まれた学習（正統的周辺参加）—Lave & Wenger（1993）

1．研究の経緯

　近年，学習についての考え方が大きくかわってきている。その契機となったのは，レイヴとウェンガーが提唱した「正統的周辺参加」（Legitimate Peripheral Participation:LPP）という概念である。正統的周辺参加では，学習は「実践の共同体への周辺的参加から完全な参加へむけての成員としてのアイデンティティの形成過程」としてとらえている。このことは学習に関する新たな枠組みを提示している。

　ここでは，レイヴとウェンガーが正統的周辺参加をどのようにして導きだしたのかを紹介する。

　正統的周辺参加は，レイヴとウェンガーがリベリアのヴァイ族とゴア族の仕立屋の手工業徒弟制についての研究においてつくりだしたものである。その研究の発端は，仕立屋の徒弟がどのように技能を身につけ，尊敬される親方となっていくのかという問いに答えるための観察であった。

　最も初期のステップでは，手で縫うことから足踏みミシンで縫うことを学び，

注　本章は，読者の研究法レッスンの目的のため，原論文の一部分のみを強調して書き下ろしたものである。読後は，必ず原論文にあたって総合的な視野を広げ，さらにレッスンを深めてもらいたい。

1 先行研究：状況に埋め込まれた学習（正統的周辺参加）

アイロンがけを学ぶ。それぞれの衣服に対して徒弟は裁断のしかたや縫製のしかたを学ばなければならない。学習過程は製造過程の順序を再現しているだけでなく，実際製造のステップは反対になっている。つまり，徒弟は衣服の製造の仕上げの段階を学習することからはじめ，それからそれを縫うこと，そして後になってはじめて裁断のしかたを学ぶのである。それぞれのステップが，いかに前段階が現在の段階に貢献しているのかを学習することになる。このように，最初は服を仕立てる工程の周辺的な作業しか従事させてもらえない。しかし，この作業も服を仕立てる上ではきわめて重要な工程である。

すなわち，徒弟は実際に仕事に従事することによって技能を身につけているのである。徒弟は実際の作業にも注目しているが，それと同時に親方が作業の中でどのように業務を遂行しているのかにも注目しているのである。

この観察から，レイヴとウェンガーは「正統的周辺参加」という概念を提唱した。この理論では，学習者は実践の共同体に参加し，知識や技能の修得には共同体の社会・文化的実践の正統性を高めていくこと（正統的周辺的参加から完全な参加へ）が必要であると考えられている。

2．理論的枠組みと諸概念

正統的周辺参加論 (Legitimate Peripheral Perticipation：LPP) では，人々の長期にわたる学習（発達）過程について，「共同体の（文化的）実践への，正統的かつ周辺的な参加の度合いが深まる過程」として分析する。ここでいう「共同体」とは，人々が何らかの有意味な実践を行なう際に，意識的・無意識的にともに行なっていると想定される集団のことである。「正統的」とは，「共同体の実践の中枢的活動にかかわる」という意味であり，そこには，熟達者，古参者，新参者の参加レベル（共同体全体への影響力）の違いが存在する。「周辺的」とは，共同体への参加が共同体の外部からの参入，交渉過程をもつことにより，慣習や価値が創造的に変容する側面を有することである。

このように，人は共同体に参加する過程では，共同体における成員性を獲得し，新参者から古参者へ，さらに熟達者へと正統性を高めていくという側面と，自らのもつ独自性を浮き彫りにしつつ，それを共同体の実践に組み込ませていくという側面の両方をもっている。このような両面での参加の深まりが成員のアイデンティティを構成していると考えられる。したがって，学習（発達）と

いうのは，人の共同体への正統的周辺参加過程におけるこの2つの側面をもつアイデンティティの形成過程であるととらえることができる。

そのようなアイデンティティの形成過程は，共同体の全体の営みの中で，独自の「参加の軌道」を構成しているものであり，分析は共同体の実践活動の全体の中で，当該の学習者に関してどのような参加の軌道が創出されていくか，その軌道の構成に共同体の構成員がどのようにかかわっていくかを記述することになる。

② 本研究：「ちょっと気になる子ども」の集団への参加過程に関する関係論的分析——刑部（1998）

問題

保育の実践をみてみると，そこで観察される1人ひとりの子どもの行為は，当人個人の知的能力のみで語られることをはるかに越えた複雑な関係の網目とその全体のダイナミックな変化の中で生じていると考えられる。そこでは，個々の子どもの行為を，個人の認知能力，情動などの諸特性に帰属させたり，特定の他者と特定の場面に限定した相互作用の中に位置づけた分析をするよりも，保育実践全体にかかわる多様な他者との長期にわたるダイナミズムの総体の中に位置づけ，さらに当人の人格全体の成長（アイデンティティ形成）の文脈に即して解明することが必要である。

このような観点に基づく学習・発達の分析の枠組みとしては，レイヴとウェンガー(1991/1993)が正統的周辺参加論（Legitimate Peripheral Perticipation：LPP）を提唱している。本研究は，このLPPに即した分析をもとにしつつ，保育実践における保育者の援助と子どもの発達の関係構造の解明のための，発達研究の新しい方法論を模索することを目的とした，探索的な試みである。対象となる事例は，保育者間で「ちょっと気になる子」として問題とされていた子どもの約1年間の成長過程の中で，やがて保育者にとって気にならない子どもに変容していくまでのプロセスの記述である。

方法

1. 対象児とその特徴

対象児は保育者の保育実践において「ちょっと気になる子ども」としてあげられた男児K（観察時4歳）である。Kは1歳時で入園し，保育

② 本研究：「ちょっと気になる子ども」の集団への参加過程に関する関係論的分析

年数は長いが，保育者から呼ばれても来なかったり，食事の準備のときもひとりでふらふらしていることが多い。Kについてはトラブルを起こしては泣いているということが保育者間で話題となっている。

2．観察の方法

週1回のビデオ撮影と後の分析で必要と思われる情報（撮影状況，聞き取りにくいことば，対象児にかかわる周辺のできごと，関係している他者の名前など）をデータとした。ビデオ撮影（週1回，約2時間半）は，できる限り対象児にかかわる保育者や他の幼児を視野に収めるようにして行なった。

3．手続き

Kと他者とのかかわりが比較しやすいように，Kが一時間以上ビデオに収録されているデータを抽出し分析した。分析はKと他者とのかかわりを微視的に記述したものである。必要な部分には挿絵を挟んだ。

事例と分析

正統的周辺参加という視点からみた対象児の変化に焦点をあてて述べる。

1．Kの居場所

子どもどうしの自由活動の空間的配置の分析から，Kのクラスにおける位置とアイデンティティが相互構成的に規定されていくプロセスを描く。具体的には，一連の「コーナー遊び」をめぐる子どもたちの動きの軌跡を分析する。

図7-1のA場面では，KとSはそれぞれ別のものを作っていた。同じコーナーにいるが，いっしょに遊んでいるわけではない。しかし，Sがコーナーを離れると同時に今まで動いたKの手の動きは止まり，KはSといっしょにふっと立ちあがる。Sが大型ブロックで遊んでいる＜古参者＞たちの中にすっと入るのとは対照的に，Kのからだは＜古参者＞たちの中に入る一歩手前のコーナーの境界で止まる。Kはポケットに手を突っ込み，立ちつづける（図7-2参照）。

図7-1のB場面での子どもたちの会話は，いっしょに遊ぶことが＜古参者＞どうしの関係性の中で価値あることを明確に表現している。今までいっしょに遊んでいたWがYにいった「あんた，1人で遊びなさい」ということばは，Yにとっては参加が拒否されると同時に遊びが閉ざされる瞬間でもある。しかし，それ以上にYが「おれ，Kと遊ぶもん」といったとき，AはKがそばにいるの

第2部　論理展開のレッスン

7章　エントリー・モデル5：実証された理論を別領域に応用する

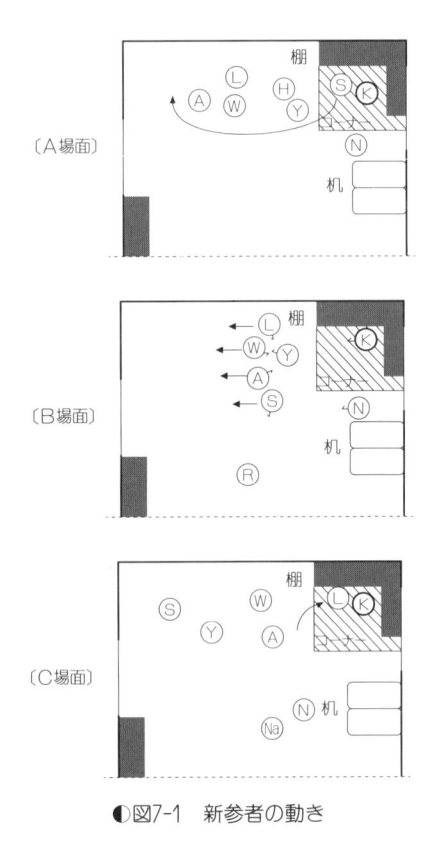

〔A場面〕

〔B場面〕

〔C場面〕

●図7-1　新参者の動き

●図7-2　遊びにおける空間的配置
（園児Sはこの瞬間ビデオ画像の中には入っておらず、画像以外のところで動いている。）

② 本研究：「ちょっと気になる子ども」の集団への参加過程に関する関係論的分析

を知りながら大きな声で「いいよ。勝手に遊べば，2人一発ぶっとばしてやるから」というのである。Kはそれをからだを硬直させ，肩と手にぐっと力を入れ正座した状態で黙って聞いている。Kにとってはそれは Y 以上に参加の閉ざされる瞬間でもある。また，それは遊びが閉ざされる瞬間でもある。

図7-1のC場面では，LがKのそばに来たことにより再びKの手の動きだすことに注目したい。さきほどと同様，LとKは共同遊びをしているわけではないが，隣でLが遊んでいることはKにとって物理的にひとりでなくなる。そして，そのときからからだが動き始め，遊びが開始される。KはLにいろいろと会話のきっかけになるようなことばをかける。しかし，Lはことばも返さず振り向きもしない。

一連の場面で，Kだけが最初から最後までコーナーにいることが明らかになった。コーナーの境界に着目すると，Kの居場所の確保と同時にそこにしかいられないKの位置が関係の網の目の中で構築されていることがわかる。ここには見えざる境界線が引かれている。さらに，Kのからだの動きは，＜古参者＞たちとの関係に呼応して止まったり動いたりしている。このような動きの中で位置関係はその子どものアイデンティティを同時に構成する。

さらに，K，＜古参者＞，＜新参者＞の位置関係を統合し，コーナーの境界に着目してこの場面をみると，Kの参加のあり方が独特であることがわかる。Kは，コーナーの境界の中に残り続けており，境界を越えて＜古参者＞たちの遊びに入らない。この点では＜古参者＞たちとは異なる参加の仕方をしている。Kは，在園期間が長いという点では＜古参者＞であるにもかかわらず，＜古参者＞たちはあえてKへ応答せず，Kもまた＜古参者＞たちにアクセスできず，互いに「無関係性」「非関与性」を作り出している。しかし，一方で，＜新参者＞はKとはちがってこの一連の流れの中でコーナーに入らない形で参加している。このようにKの参加の仕方は，＜古参者＞とも＜新参者＞とも異なった特徴をもっていることが明らかとなった。そのことが，Kのクラスにおける位置とそこで生成されるアイデンティティを特徴づけ，また参加の過程の解明に重要な役割をはたすと考え，Kを＜古・新参者＞とする。

2．Kの周囲の関係性の変化

Kに変化が見え始めた時期に焦点をあて，＜新参者＞と＜古・新参者＞である

Kとの関係で何が起こっているのかを記述する。それにより実践共同体における＜新参者＞の潜在力の内実が見える。

＜新参者＞の潜在力を＜新参者＞自身が発揮するというよりは、「ほとんど同僚 (near-peers)」としての＜新参者＞と＜古・新参者＞であるKが連合することによって自らの存在感を強め、互いが自己の位置を変化させると同時に、彼らを取り巻く＜古参者＞たちにも認められる社会的発見によってさらに重みづけられると考えられる。

①周辺の力：＜古・新参者＞Kと＜新参者＞の連合

＜新参者＞であるH、Nが＜古・新参者＞であるKのうしろについて遊ぶようになった。この子どもたちはKがどこへ行こうともKのうしろをついて行き、Kの言い分をそのまま聞いてくれる。

図7-3の場面では、ほとんど会話はなく、KのところにHやNが三輪車で離れていっては戻ってくることをくり返しているにすぎない。しかし、いっしょにいることはKの「参加」のあり方が他者との間で相互構成的に規定されるという意味で、1人でいるのとはまったく異なるアイデンティティを形成するのである。Kはクラスの中で＜新参者＞からみれば、尊敬されたリーダーとなっている。一方、＜新参者＞にとっても、Kとのかかわりはクラス共同体における自己の位置を変えていくことにつながる。いつも＜新参者＞は、＜古参者＞の子どもや＜古・新参者＞であるKを黙ってみていることが多かった。しかし、＜新参者＞は、在園期間が長いがまだ十全な成員性を獲得していないという点で「ほ

●図7-3　Kと新参者との関係

とんど同僚」である＜古・新参者＞Kにつくことを通じて「参加」を拡大させていくのである。

② 「参加」の広がり

＜古・新参者＞であったKは，＜新参者＞と遊びながらも，ある場面では＜古参者＞と遊ぶようになる。この点は＜新参者＞とは異なるところである。正統的周辺参加から十全な参加へと向かいつつあるKは，＜古参者＞に認められるようになる。

このようにKと＜新参者＞の関係の変化というKをめぐる周辺の変化がKと保育者，＜古参者＞との関係の変化を引き起こし，共同体全体が変容していることが明らかとなった。この関係性全体が変容することによって，保育者がある日気づくとKは気になる子どもではなくなっていたのである。

つまり，Kがしだいに気になる存在でなくなってきたのは，Kをめぐる人々の意味の複雑な関係性全体がKを気にするという点に焦点化されていたものから，共同体全体の営みの中にKの存在が自然に溶け込む関係性へと変容したからである。

③ 本研究の評価

まず，本研究の評価すべき点は，正統的周辺参加という概念を幼児の適応過程にうまく適用したことである。つまり，もとの理論的仮説の適用範囲が拡大したことである。

さらに，これまでの保育現場や教育現場でみられる「気になる子ども」に関する研究では，その対象となる子どものみが取りあげられ，その子どもの社会的スキルの欠如が原因と断定されることが多い。そのため，社会的スキルをトレーニングし，また集団に戻すことも試みられている。もちろん，このような試みは重要であるが，たとえ当該児が社会的スキルを身につけたとしても，その子どもに対するまわりの子どもの見方（認知）が変わらないと，せっかく身につけたスキルを使う場面はなく，悪循環となる。そうならないように，保育者はその子どもを他の子どもがどのようにとらえているのかを把握しておかなけらばならない。しかし，上述したように，どうしても「気になってしまう」

子どものみに焦点を当てたくなる。

　しかし，本研究のように対象児を保育者がどのようにみているのか，他の幼児は対象児をどのようにとらえているのか，さらに保育者は対象児のことを他の幼児がどのようにとらえているかといった「関係性」の視点から子どもをとらえる研究は少ない。このような視点で子どもをとらえることは，保育（教育）現場ではきわめて重要である。

④　読者のために──コーヒーブレイク──

　幼稚園や保育所で子どもを観察するとき，保護者でも保育者でもない，観察者は子どもにとってどのような存在であればいいのであろうか？　まず，どのような観察の形態をとるにしろ，子どもとのラポートの形成は必要である。そのためには，子どもと真剣に遊ぶことが大切である。しかし，このことはごくあたりまえのことであるが，非常にむずかしいことでもある。なぜなら，大人（観察者）が真摯にかかわっているのかどうか子どもには鋭い洞察力があるからである。真摯にかかわっていないと，いつの間にか離れていってしまい，ラポートを形成することはむずかしくなる。

　また，ビデオカメラやデジタルカメラなどの道具を使って観察することもあるだろうが，子どもたちが撮られることに慣れていない場合もある。そのため，ビデオカメラで撮っていると「見せて，見せて」と寄って来て，ビデオカメラを覗き込む子どもも少なくない。そのとき，1人に見せてしまうと，それを見ていた他の子どもも「ぼくも見せて，わたしも見せて」と寄って来て，観察どころではなくなってしまうこともある。このような状況が予想される場合には，観察期間を長めにとって，子どもたちにビデオカメラ等に慣れてもらう期間を設けることも必要である。さらに，ビデオカメラを用いて観察する際には，ビデオテープをおこすための時間は記録時間の数倍の時間を要するということを覚悟しておく必要がある。

引用文献　　Lave, J., & Wenger, E.　1991　*Situated Learning : Legitimate peripheral participation*. New York : Cambridge University Press. 佐伯　胖（訳）　1993　状況に埋め込まれた学習：正統的周辺参加　産業図書

刑部育子　1998　「ちょっと気になる子ども」の集団への参加過程に関する関係論的分析　発達心理学研究，9(1)，1-11．

コラム6　教育心理学への招待

　教育心理学は教育で行なわれているさまざまな営みの科学的基礎を実証的に研究する学問である。扱う領域の幅は広く，発達，教授・学習，人格，社会，臨床，障害，評価・測定など心理学の諸領域にわたる。時には哲学，社会学，人類学などの学際的視野も必要である。また，科学的研究と教育実践の両方に足場をもつという点に独自性があり，単に心理学での成果を教育へ応用するというよりは，実践とつながりをもち教育現場での具体的な問題を支援することが求められている。このような独自性のもと，教育実践者と研究者間の協同，研究者による実践，実践者による研究がますます進められている。

　研究方法は実験や調査（質問紙・観察・面接）がおもに用いられている。領域と方法には関連性があり，1990～96年の「教育心理学研究」掲載論文を分類した杉澤（1999）によると，教授・学習，認知発達では実験，人格・臨床，社会，社会的発達では質問紙調査がよく使用されている。こうした傾向はみられるものの，複数の方法を用いたり，テーマをさまざまな角度から眺めるために研究法の選択肢を多数もつことはもちろん大切である。時には，自分が知りたいことを明らかにするために新たな方法を創造することも必要だろう。なお近年，質的研究や実践研究が注目され，新たな研究法が展開されている。たとえば前者ではデータ対話型理論（grounded theory：データとの絶えざる対話によって，個々の領域に適した新しい理論を構築する方法），後者ではアクションリサーチ（action research：教育実践の改善を目指し，実践へ参加しながら研究しその成果を実践に反映させる方法）が方法論の1つとして用いられている。

　以下では筆者らが行なった研究を例に，研究を作りあげていく過程を具体的に紹介したい。これまで教授・学習の領域では学習者やその知識が研究対象として重視されていたが，最近はそれだけではなく，学習者を取り巻く学習環境や学習材をどのようにデザインするかという問題が再認識され始めている。教科書はこうした学習材の1つである。ところで，文章には大きく分けて内容と構造の2側面がある。教科書の内容についてはこれまでも研究されてきているが，構造の検討はまだ不十分である。そこで大手3社の小6歴史教科書の構成や記述のされ方を分析したところ，教科書は本文以外に資料，図表，資料・図表の解説，語りかけなど多様な情報を含む豊かな学習材であることがわかった。また，分析の過程でいくつかの違和感や問いが生まれた。第1に，本文と違う語りかけ口調で話す子どもの姿があるが，20年前には見られなかったものである。第2に，最近の教科書ではさまざまな情報間のつながりがわかりにくく感じられた。

　こうした問いを実証するため一連の研究を行なった。まず，学習指導要領改

（大河内祐子）

訂に伴う教科書の構造の変化を調べた。すると図表や語りかけが改訂ごとに増加していること，子どもによる語りかけは「新しい学力観」以降に出てくることがわかった。図表や語りかけが増えるに従い，多くの情報を統合して理解できるような構成が必要となる。しかし，大学生に現在の教科書を読んでもらい読み方の順序を調べると，大学生であっても本文とその他の情報との対応づけはむずかしいのである。おそらく授業で教科書を使う時には，教師が本文と他の情報をつなぐ工夫をしているはずである。そうした工夫の1つとして，筆者らは本文と他の情報とを関連づける信号（たとえば，「上の図を見てみよう」）を取りあげた。そして実験によって，信号を入れると本文と他の情報がまとまりをもって理解されるようになることが明らかになったのである（研究の詳細は秋田，2000；大河内ら，2001を参照）。こうした一連の研究は，教科書の構成や使い方において何が問題で，どうしたらそれを支援できるかを考えていく過程でもあった。

教育が目標とするものは社会の変化とともに変わっていく。これから教育心理学を専攻する学生には，教育の現状と変化に目を向け，多様なアプローチを用い，教育に関するさまざまな問題に対して新たな視点や解決の手がかりを与えるような実証的研究を行なうことが求められる。研究の中で人間への関心と理解をもち続けていってほしいということは，言うまでもない。

■ 引用文献 ■

秋田喜代美　2000　子どもをはぐくむ授業づくり—知の創造へ—　岩波書店
大河内祐子・深谷優子・秋田喜代美　2001　信号が歴史教科書の記憶と理解に与える効果—本文と欄外情報を関連づける信号の挿入—　心理学研究，**72**, 227-233.
杉澤武俊　1999　教育心理学研究における統計的検定の検定力　教育心理学研究，47, 150-159.

〈推薦書1〉：大村彰道・下山晴彦（編）1996/1998　教育心理学ⅠⅡ　東京大学出版会
〈推薦書2〉：大村彰道（監）　秋田喜代美・久野雅樹（編）2001　文章理解の心理学—認知，発達，教育の広がりの中で—　北大路書房

8章 エントリー・モデル6：実験条件を追加・拡張して検討する

　この章では，過去に報告・評価されたすぐれた先行研究の実験条件を拡張して検証を加える。これによって，先行研究の成果を拡大あるいは限定化することが可能になる。まず，本章の最初に，スパーリング（Sperling,（1960）の研究の研究目的，実験条件，成果を押さえる。次に，この研究を先行研究として位置づけたエントリー・モデル6による研究（Yeomans & Irwin, 1985）の概要を述べる。最後に，このイヨマンスとアーウィンの研究による総合的な成果を考察する。

1 先行研究：短時間呈示事態での利用可能文字数の発見

——Sperling（1960）

目的　人間は一瞬の間にいくつくらいの文字を読むことができるのか？　ここでいう一瞬とは，眼球運動が起こりにくい程度の短時間呈示事態を意味する。

　文字列を被験者に短時間呈示し，見えた文字を報告させる課題（全体報告〔whole report〕）を行なうと，約4.5文字が報告可能である。しかし，この全体報告課題に参加した被験者たちは，「報告した文字以外にも多くの文字が見えたのだが，報告している間にいくつかを忘れてしまう」という意味の感想を述べる。この被験者の内省報告が正しいとすると，全体報告課題で得られた4.5文字という数は，あくまで再生報告が可能な数，つまり記憶の限界を表わしているのであって，「見えた」数自体を表わしているのではないことになる。

　では，被験者が実際に見ることができる文字数を知るにはどうすればよいのか。本研究では，部分報告法（partial report procedure）を用いてこれを測定する。部分報告法は，見えた文字を「報告している間に忘れてしまう」ことがな

注：本章は，読者の研究法レッスンの目的のために，原論文の一部分のみを強調して書き下ろしたものである。読後は，必ず原論文にあたって総合的な視野を広げ，さらにレッスンを深めてもらいたい。

1　先行研究：短時間呈示事態での利用可能文字数の発見

いように，文字列全体ではなく文字列の一部分のみの報告を求め，その結果から見えた文字数を推定する方法である。

```
T  D  R
S  R  N
F  Z  R
```

●図8-1　視覚刺激の例

部分報告法では，図8-1のように3行からなる文字列にたいして，その呈示後いずれか1行のみの報告を被験者に求める。報告すべき行は，文字列呈示後にもたらされる3種類の音によって指定される。高音が呈示されたら上行，中音なら中行，低音なら下行である。一連の実験試行においてこれらの音はランダムな順序で呈示されるので，被験者はどの行の報告を求められるかをあらかじめ知ることはできない。したがって，もし1行につき，平均 x 個が正しく報告されたとすると，他の2行についても同じ x 個が報告可能であったとみなせるから，本来3 x 個が"利用可能文字数（letters available）"と推定できる。

本実験では，部分報告法によって，短時間呈示事態での利用可能文字数がどの程度なのか，また，この利用可能文字数が時間経過に伴ってどのように変化していくのかを明らかにする。

方法

(1)被験者：5名の大学生が実験に参加した。

(2)装置と刺激：視覚刺激の呈示には，タイマー付きタキストスコープが使用された。視覚刺激は縦3×横3の計9文字からなる文字列が用いられた。文字列が単語のように読まれないように，母音と Y を除いたアルファベットが材料に用いられた。

(3)手続き：全体報告課題では，呈示された文字列全体にたいして再生報告が求められた。部分報告課題では，手がかり刺激が指定した1行のみにたいして再生報告が求められた。部分報告すべき行を指定する手がかり刺激は，高音・中音・低音の3種類の音であった。高音なら上行，中音なら中行，低音なら下行にある文字を被験者は報告した。文字列消失から手がかり刺激がもたらされるまでの時間間隔（遅延時間）は，0，0.15，0.3，0.5，1.0秒の5種類であった。また，文字列呈示の0.1秒前に手がかり刺激が呈示される条件も行なった。すべての条件において，文字列の呈示時間は0.05秒であった。被験者は

回答を手元の回答用紙に筆記再生した。

結果　部分報告課題においては，1行あたりの平均正答率が他の2行にもあてはまるとみなし，「平均正答率×文字列全体に含まれる文字数(9)」の式によって，文字列全体の利用可能文字数を算出した。

図8-2は，部分報告課題における各遅延時間ごとの利用可能文字数，および全体報告課題における報告数を示したものである。

部分報告課題から推定される利用可能文字数は，全体報告課題の報告数よりも多い。文字列の呈示前と消失直後では，特に高いレベルとなっている。しかし，利用可能文字数は，手がかり刺激の遅延とともに減少し，遅延時間1秒の時には全体報告課題のレベルとほぼ同等にまで近づいている。

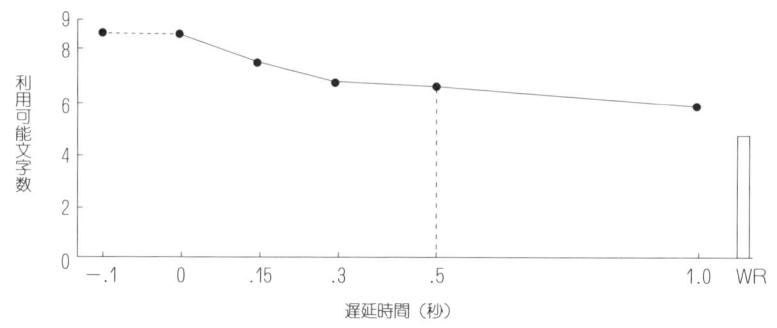

●図8-2　各遅延時間ごとの利用可能文字数（Sperling, 1960より改編）
右端の棒グラフは全体報告（Whole Report）を表わす。

考察　本実験の結果は，文字列の消失後も，全体報告課題で示される報告数以上の情報が利用可能であったこと，ただし，この利用可能な状態は1秒以内に消失することを示している。

ごく短時間のみ多くの情報が利用可能であるのはなぜであろうか。

実験に参加した被験者は，「遅延時間0.15秒で手がかり刺激が呈示されたときには，（刺激が消失しているにもかかわらず）まるで文字列を読んでいるかのように感じる」という報告をしている。つまり，被験者は文字列が物理的に消失した後も，主観的には文字列が持続して見えるため，その持続に

基づいて文字を報告しているというのである。

　したがって，視覚刺激消失後も，ごくわずかな間は，その刺激の情報は刺激そのままのイメージとして"貯蔵"されていると考えられる。部分報告課題では，そのイメージに基づいて報告が行なわれるのであろう。報告できる文字数が1秒以内に全体報告と同じレベルにまで減少するのは，このイメージがきわめて短時間のうちに減衰していくことを反映しているのだと思われる。

② 本研究：呈示時間条件を拡張して検証する ── Yeomans & Irwin (1985)

目的　スパーリング（Sperling, 1960）が部分報告法を用いて短時間呈示事態における視覚情報持続の存在を明らかにして以来，これに関連した多くの研究が行なわれてきた。スパーリング（1960）は，「手がかり刺激が呈示されたとき，（刺激が消失しているにもかかわらず）まるで薄れていく文字列を"読んでいる"かのように感じる」という被験者の内観に反映される刺激消失後の持続現象が部分報告の全体報告に対する優位性をもたらし，また，この持続現象の減衰が報告量の減少をもたらすと考えていた。

　これにたいし，コルトハート（Coltheart, 1980）は，刺激消失後も刺激がそのまま存続して見えるという直接観察可能な現象を可視持続（visible persistence），部分報告法によってその存在が間接的に示唆され，視覚刺激にどんな文字が含まれていたかという「情報」が保持されることを情報持続（informational persistence）とよび，この両者を区別した。

　本研究の目的は，このコルトハート説の妥当性を明らかにすることである。

　可視持続については，部分報告以外の方法を用いたいくつかの研究によっても調べられている。たとえば，ヘイバーとスタンディング（Haber & Standing, 1969）は，視覚刺激を断続的にくり返し呈示する方法──視覚刺激とブランクが交互に呈示されることになる──を用いて，視覚刺激が途切れることなく観察される視覚刺激の呈示時間とブランクの時間を測定した。この場合，ブランクの時間が可視持続の生じている時間ということになる。その結果，刺激の呈示時間が長いほど，ブランク時間が短くなること，つまり，可視持続が短くなることが示された。そのほかの研究でも刺激の呈示時間と可視持続とは同様の

関係にあることが示されている。

　以上のように，可視持続は，刺激の呈示時間の影響を受けることが明らかにされている。したがって，部分報告が可視持続に基づいてなされるならば，部分報告課題の成績も呈示時間によって変化するはずである。

　呈示時間の違いが部分報告課題に及ぼす効果を調べたこれまでの実験では明確な結果が得られていない。スパーリングも呈示時間の効果を検討しているが，変数の範囲は小さく限定されており，0.015秒と0.05秒のみであった（Sperling, 1960の実験5）。そこで，本実験では，呈示時間を幅広く変化させて呈示時間が部分報告課題の成績に与える効果を確かめる。

方法
　(1)被験者：6名の大学生が実験に参加した。
　(2)装置と刺激：視覚刺激の呈示には，コンピュータ制御によるオシロスコープが使用された。視覚刺激は縦3×横3の計9文字からなる文字列が用いられた。母音とYを除いたアルファベットが材料に用いられた。部分報告すべき行を指定する手がかりは，その行の横側に現れる四角形であった。
　(3)手続き：文字列の呈示時間は，0.05，0.2，0.5秒の3種類，文字列消失から手がかり刺激がもたらされるまでの時間間隔（遅延時間）は，0，0.05，0.15，0.3，0.5秒の5種類であった。被験者は回答をキーボードによってコンピュータに入力した。

結果
　結果を図8-3に示す。すべての呈示時間において遅延時間の増加に伴って報告量が減少している。分散分析の結果，遅延時間の主効果が有意となった。一方，呈示時間の増大とともに報告量のわずかな増加がみられるが，呈示時間の主効果は有意ではなかった。呈示時間と遅延時間の交互作用も有意ではなかった。これは，遅延時間に伴う報告量の減少傾向は，呈示時間の違いにかかわらず一定であることを示している。

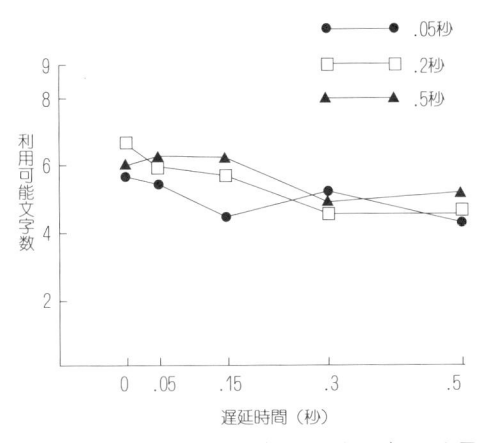

❷ 本研究：呈示時間条件を拡張して検証する

●図8-3 各呈示時間および各遅延時間ごとの利用可能文字数（Yeomans & Irwin, 1985より改編）

考察 　刺激呈示時間は部分報告量全体のレベルにも，遅延時間に伴う減少傾向にもほとんど効果を及ぼさなかった。この傾向は，呈示時間の影響を強く受ける可視持続とは異なっている。したがって，部分報告手続きで測定される情報持続と，刺激消失後も刺激がそのままの状態で存続しているように見える可視持続とを区別すべきであるとするコルトハート説が支持される。これは，情報持続と可視持続とを区別してこなかったスパーリング（1960）以来の伝統的な解釈を再検討する必要があることを示している。

　さらに，本実験の結果は，情報持続が，0.05秒という瞬間呈示事態のみならず，0.5秒という比較的長い刺激呈示時間の後にも存続することを明らかにした。これは情報持続が日常の視知覚——たとえば眼球運動中の継続的な注視によって取得される視覚情報の統合——に重要な役割をはたしている可能性を示唆するものである。

③ 本研究の評価

　上記のイヨマンスとアーウィン（Yeomans & Irwin, 1985）の研究は，スパーリング(1960)の実験に呈示時間の条件を拡張するというきわめてシンプルな計画によって行なわれたものであるが，視覚情報処理の特徴を理解する上で重要な結論を2つ見出したといえる。

　1つめは，可視持続と情報持続が区別されるべき概念であるということを明らかにした点である。スパーリング（1960）以来，部分報告における高い報告レベルは，おもに可視持続に依存するものと仮定されてきた。しかし，その主たる根拠は被験者の内観にあり，実証的なデータに基づいていたわけではなかった。イヨマンスとアーウィン（1985）の研究は，呈示時間の効果を比較するというわかりやすいロジックによって，可視持続と情報持続を区別することの妥当性を示した。

　2つめは，情報持続が，0.05秒というような瞬間呈示事態にのみ特有ではなく，0.5秒という呈示時間でも生じていることを示した点である。スパーリング(1960)の実験でおもに採用された呈示時間が0.05秒であったことから，情報持続は瞬間呈示事態にのみ生じるもので，通常の視知覚には実質的な役割を担っていないのではないかという指摘がいくつかなされていた(たとえばヘイバー，1983)。しかし，イヨマンスとアーウィン（1985）は，さらに長い呈示時間でも情報持続の存在を明らかにしている。これは，注視と急速な跳躍をくり返す通常の眼球運動中にも情報持続が生じており，それが視覚情報処理に何らかの貢献をはたしている可能性を示唆している。

　ただし，上記2つめについては問題点が残る。確かに本研究はスパーリング（1960）が特定の呈示時間でのみ得た知見──情報持続が存在すること──を長い呈示時間にまで一般化できることに成功している。しかし，このことが日常の視覚情報処理に「具体的に」どうかかわるかについては議論されていない。眼球運動中の情報統合の可能性が示唆されているものの，その根拠は曖昧である。この点が本研究で不満の残るところである。

④ 読者のために──コーヒーブレイク──

　スパーリング（Sperling, 1960）の研究は，本章で取りあげたイヨマンスとアーウィン（Yeomans & Irwin, 1985）だけでなく，膨大な量の研究を生み出す発端となり，視覚情報処理研究に大きな貢献をはたした。ここでは，なぜそうなったのかを説明しながら，卒業研究を進めていく上で大切となることを以下に述べたい。

シンプルなロジックを立てる

　スパーリング（1960）の研究は，人間は一度にいくつくらいものが見えるのか？という素朴な疑問から始まっている。

　卒業研究を行なうときも素朴な疑問から始めるべきだ。ふつうは自分の卒業研究の計画を立てる前に，参考書や専門家の論文をいくつか読む。先行研究を学ぶことはもちろん必要である。

　だが，素朴な疑問を明確にしておかないと，ともすれば専門家の論文にふりまわされてしまって自分が何をやろうとしているのかわけがわからなくなることがある。

　実験結果や理論を知っておくことはよいのだが，自分にとっての素朴な疑問は何なのか，それを研究上に乗せるにはどんな方法が妥当なのか，あくまでシンプルなロジックを立てることを念頭においてほしい。少なくとも卒業研究の段階では，誰が聞いてもその内容が理解できるようなものがよい。膨大な先行研究を読んでおかないと理解がむずかしいようなテーマ設定，前提の上に前提を重ねて作った仮説設定などはおすすめできない。

実験方法の考案に頭を絞る

　研究のねらいを明確にしたら，どんな方法でデータを収集したらよいのかに心を砕く。本章で紹介しているスパーリング（1960）の研究は，方法の斬新さに大きな価値が認められる代表といえる。スパーリングのアイデアがあったから，その後に多くの研究が続いたのである。もちろん斬新な方法がすぐに思いつくわけではない。先行研究を調べ，その追試をしたり，ときには思いつきの実験を行ない，その過程で気がついた

ことに頭をひねっているうちに思いつくのである。部分報告法考案の発端になったのは被験者の内省報告であったことも覚えておこう。心理学の分野に限ったことではないであろうが，高く評価される研究というのは，シンプルなロジックと斬新な方法の2つが含まれているものである。

ロジックと方法が決まったらあとは実験をこつこつと重ねる。ロジックがシンプルで方法が斬新であっても，簡単に結論が出るわけではない。要因計画もできるだけシンプルにしたい。計画上では1つの実験で3要因以上を設定することも，また，2～3人のみの少ない被験者でデータをとることも可能である。しかし，理屈の上で要因計画に乗っかればそれで研究の妥当性が保証されるものではない。一般的には，要因は少なく，被験者は多い方が望ましい。あくまでシンプルな展開を心がけてほしいのである。

お薦めの参考書

ここでは卒業研究のテーマ選びに"直結する"参考文献を紹介しよう。

●辻　敬一郎（編著）　2001　心理学ラボの内外　ナカニシヤ出版

これは，論文の完成版を読むだけでは知り得ない，いわば研究の舞台裏を紹介したものだ。各著者がなぜその研究テーマを選んだのか，どんなプロセスでその方法を思いついたのかなどが，ちょっとしたエピソードを交えながら述べられている。テーマは，感覚，知覚，認知，学習，行動，社会など，また方法も，実験や質問紙調査はもとより，観察，フィールドワーク，ゲームシミュレーションと広範である。どこからでもいいから，卒業研究のテーマを考え始めるころに一読されたい。

引用文献

Coltheart, M.　1980　Iconic memory and visible persistence. *Perception & Psychophysics*, **27**, 183-228.
Haber, R.N.　1983　The impending demise of the icon：A critique of the concept of iconic storage in visual information processing. *Behavioral and Brain Sciences*, **6**, 1-54.
Haber, R.N.& Standing, L.　1969　Direct measures of short-term visual storage. *Quarterly Journal of Experimental Psychology*, **21**, 43-54.
Sperling, G.　1960　The information available in brief visual presentation. *Psychological Monographs : General and Applied*, **498**, 1-29.
辻　敬一郎（編著）2001　心理学ラボの内外　ナカニシヤ出版

Yeomans, J.M.& Irwin, D.E. 1985 Stimulus duration and partial report performance. *Perception & Psychophysics*, **37**, 163-169.

コラム7　認知心理学への招待

　毎日歩く道，住んでいる家とそこから通う学校や職場との位置関係，建物内の空間，そういったものを私たちはどのように「認知」しているのだろう。

　地図や図面上に描かれた距離や方角は，確かに「客観的」で「正確」かもしれない。しかし，私たちが感じている空間とは少し違っている，と感じたことはないだろうか。たとえば，出かけた先々の位置を地図で再確認してみて，同じくらいの間隔で休憩をとったはずなのに，実際にはそうなっておらず不思議に感じたり，毎日同じはずの駅からの帰り道が，いつもと違って感じられることはないだろうか。あるいは，あなた自身は「近い」と思っている距離であっても，友達に「遠い。タクシーに乗る」と言われて驚いた経験はないだろうか。

　意識されることはあまりないが，私たちは日常的に環境を移動して，それにともなって移り変わる空間を認知している。移動を通じて体験した環境を思い出すことはそんなにむずかしいことでないものの，思い出された環境は実際の物理的な環境と必ずしも一致するものではない。また，人によって思い出される内容が異なることは珍しいことではない。

　実際の空間と認知される空間との関係についての研究は「空間認知研究」といわれている。いろいろなスケールや次元の空間を扱う研究があるのだが，その1つに「認知距離」を対象とするものがある。「認知距離」とは，そのことばを目にして何となく意味を予想できるかもしれないが，実際の距離に対してイメージされる（認知されている）距離のことである。「自宅から最寄駅までの距離は何mくらいですか？」という質問に対して回答される値と考えるとわかりやすいかもしれない。そしてこれは，記憶に基づいて図1に示すような5つの要素(Path・Edge・District・Node・Landmark)[*]で描かれる地図として知られている「認知地図」と同様に，目的地までの移動経路を考えたり，近道の相談をする際などに大活躍する表

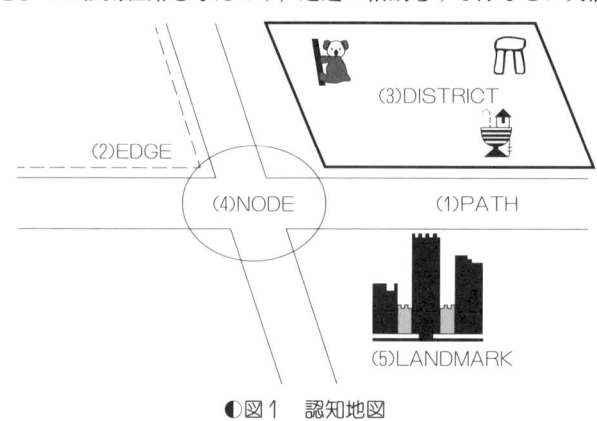

●図1　認知地図

（柳瀬亮太）

象であり，たとえ意識されないとしても常に利用されているものである。

　この種のイメージは，一般的な情報（地図など）以上に行動と強く関係している。このことは，最も短い距離の経路がいつも選択されるとは限らないことや，同じような距離の経路が複数存在するときに偏った経路選択が見いだされることなどから推察されている。確かに，最短距離経路の選択にかけては人間は比較的鋭敏であり，無意識に選択されている経路の多くが最短経路なのであるが，その選択には実際の距離でなく「人間が認知している環境」が関係しているのである。それゆえ，人間が体験する環境をどのように把握して，記憶に取り込んでいくのだろうかといった，人間と環境との関わり合いを検討することは，さまざまな環境における人間の行動を理解したり，予測するためにとても重要なことである。

　空間認知を中心に取り上げたが，認知心理学は，学ぶ・憶える・考えるなどといった「認知活動のしくみ」に関係することを幅広く研究する心理学であり，人間だけでなくチンパンジーやハトを対象とする研究も行われているなど，研究テーマはとても広範である。また，「人間の知」への関心は学問分野を越えて高まっており，認知心理学は今後その中心的存在になっていくのかもしれない。

＊【注】5つの要素
　都市空間の明瞭さに関係していると，リンチ（Lynch, K., 1960）によって指摘された要素。
　1）Paths：道路や通路といった，人々が移動する道筋。
　2）Edges：空間を仕切る線。垣根・県境・法的な境界など。Paths が Edges として機能することもある。
　3）Districts：公園や駐車場など，特別な特徴をもっていないが認知地図において大きく描かれるもの。
　4）Nodes：移動を停滞させたり，切り替えるなど，経路が集まる地点（交差点）。
　5）Landmarks：目印・目標になるもの。

■引用文献■
　Lynch, K.　1960　The image of city. Cambridge : MIT Press.　丹下健三・富田玲子（訳）1968　都市のイメージ　岩波書店

　〈推薦書1〉：森　敏昭・井上　毅・松井孝雄　1995　グラフィック認知心理学　サイエンス社
　〈推薦書2〉：空間認知の発達研究会（編）　1995　空間に生きる－空間認知の発達的研究－　北大路書房

9章 エントリー・モデル7：成果の適用年齢を拡張する

　この章では，過去に報告された先行研究について，その適用された対象年齢層を他の年齢層で検討し，適用年齢の拡張の可能性を追求する。まず，本章の最初に，曽我（2000 a）の研究の目的や方法，成果の概要を押さえる。次に，この研究を先行研究として位置づけたエントリー・モデル7による研究（曽我，2000 b）の概要を述べる。最後に，この曽我（2000 b）の研究に対する総合的な成果の概要を述べる。

① 先行研究：中学生用5因子性格検査の開発——曽我（2000a）

5因子性格特性

　性格の基本的特性をいくつに据えるかについては，従来より多くの研究者により，さまざまな提言がなされてきた。1960年代に入り，チューパスとクリスタル（Tupes ＆ Christal, 1961）やそれに続くノーマン（Norman, 1963）の因子分析的研究により，性格を表わす用語を5つの因子に分類する，いわゆる性格5因子が提示された。これが現在言われている性格5因子モデルの原型を成すものである。その後，ゴールドバーグ（Goldberg, 1981）は40の形容詞対の評定結果から5つの因子を抽出し，さらにこの5因子の本質を権力，愛情，仕事，情動性，知性におき各因子の心理的意味づけを行なうことにより，1つの性格理論としてまとめあげた。またマックラエとコースタ（McCrae & Costa, 1987）は，ゴールドバーグが示した5因子特性を参考にして質問紙形式のＮＥＯ－ＰＩとその改訂版のＮＥＯ－ＰＩ－Ｒを作成し標準化した。5因子の名称と特性内容は各研究者により微妙に異なっているが，性格の基本特性を5因子とする説は，今や確立した理論として安定した位置を占めている。1990年以降，性格5因子論はわが国でも盛んにとりあげられるようになり，和田（1996），柏木（1997），村上と村上（1997），

注：本章は，読者の研究法レッスンの目的のために，原論文の一部分のみを強調して書き下ろしたものである。読後は，必ず原論文にあたって総合的な視野を広げ，さらにレッスンを深めてもらいたい。

1　先行研究：中学生用5因子性格検査の開発

●表9-1　5因子性格特性の命名

Norman (1963-1966) Goldberg (1981-1993)	McCrae & Costa (1978-1996)	柏木繁男ら (1993) 和田さゆり (1996) 下仲順子ら (1999)	村上宣寛ら (1997)	辻平治郎ら (1997)	曽我祥子 (1999)
surgency	extraversion	外向性	外向性	外向性	外向性
agreeableness	agreeableness	調和性	協調性	愛着性	協調性
conscientiousness	conscientiousness	誠実性	勤勉性	統制性	統制性
emotional stability	neuroticism	神経症傾向	情緒安定性	情動性	情緒性
culture/intellect	openness to experience	開放性	知性	遊戯性	開放性

辻(1998)，下仲・中里・権藤・高山(1998)，曽我(1999)らにより多くの研究がなされている（表9-1）。

問題の提起と目的

近年，青少年の問題行動は増加の一途をたどっており，彼らの心の在り方を理解することの重要性が再確認されつつある。このような状況に対処するための一手段として，より的確に青少年の性格が把握でき，教育や臨床の場で利用され得る性格検査が必要である。一般に5因子モデルの利点は，繁雑すぎず単純すぎず，個人の性格を総合的にとらえるのに適した枠組みを提供する点にあるとされており，自記式による中学生用の5因子性格検査の開発は，問題の対処に有用であると考えられる。それゆえ，本研究は中学生における性格5因子モデルの適用を検討し，中学生用5因子性格検査（Five-Factor Personality inventory for Students；以下，FFPSとする）を作成することを目的として行なわれた。

方法

(1)調査日時：調査は1997年10月から1998年11月にかけて行なわれた。

(2)被検者：国公立中学校4校の全学年，1711名。被検者数の学年別，男女別の内訳は表9-2の通りである。

(3)調査材料：調査用紙としてFFPS-ver.1が用いられた。これは既存の性格検査に含まれる項目を参照しながら，独自に作成した90項目から成る質問紙である。回答は4件法でなされ，"とてもよくあてはまる"，"よくあてはまる"，"あまりあてはまらない"，"まったくあてはまらない"のいず

●表9-2 FFPSの作成に用いられた被検者数

	1年生	2年生	3年生	全学年
男子	318	260	279	857
女子	293	266	295	854
計	611	526	574	1711

れかの選択により行なわれた。

(4)手続き：各学級担任の監督の下にFFPS-ver.1が集団で実施された。また，信頼性の検討のための再テストと，概念的妥当性の検討のための5因子性格特性に関する記述調査が実施された。

結果　FFPS-ver.1の90項目に関する項目分析により固有値の変動によるスクリーテストの結果，上位5因子が抽出された。その後の因子分析（主成分分析，バリマックス回転，5因子解）の結果から，同一因子に.30以上の負荷量をもち，男女で同一の因子に属する項目を各因子12項目ずつ計60項目を選択し，FFPSとした。得られた5因子は項目の内容から第1因子－情緒性，第2因子－協調性，第3因子－統制性，第4因子－開放性，第5因子－外向性に関係する因子と思われ，中学生においても成人と同様の性格5因子が確認された。

信頼性の検討のため再テストでは，テスト一再テスト得点間に.77から.86という高い相関係数が得られた。

FFPSの概念的妥当性の検討では，大学教員1名と大学生1名の2名の判定者があらかじめ定めた判定基準に従い，各被検者の5因子に関する記述調査への反応が，FFPSの下位5尺度の定義に該当する度合いを判定した。その後，該当する度合いの高い群と低い群との間でFFPSの得点を比較したところ，すべての下位尺度において，該当する度合いの高い群の方が低い群より，FFPS得点は有意に高い結果が得られた。

以上の結果から，FFPSの5因子尺度は十分な概念的妥当性と信頼性を備えた尺度であることが確かめられた。

② 本研究：青年用5因子性格検査の開発 —曽我（2000b）

目的　本研究は，青年期の最も初期にある中学生を対象として作成されたFFPSの，高校生，大学生への適用の可能性の検討という形で行なわれた。それゆえ，本研究の目的は，中学生，高校生および大学生を対象とした，青年用5因子性格検査（Five-Factor Personality inventory for Adolescent：以下，FFPAとする）を作成し，その妥当性と信頼性の検討を行なうことである。

方法　(1)調査日時：調査は1997年10月から2000年6月にかけて行なわれた。
(2)調査対象：被検者は男子1441名，女子1454名，計2895名で，学生群別，男女別の内訳は表9-3の通りである。
(3)調査材料：FFPAの原版として，FFPSの60項目が用いられた。
(4)手続き：中学生と高校生では学級担任教師のまた大学生では講義担当教員の監督の下に，FFPSが集団で実施された。再テストによる信頼性の検討では，中学生82名と大学生82名に対して，FFPSが2か月の間隔を置き2度にわたって実施された。また，基準関連妥当性の検討では，大学生77名に対して，FFPAと5因子性格検査（FFPQ；辻，1998）が併行実施された。

●表9-3　FFPAの作成に用いられた被検者数

	中学生	高校生	大学生	全
男子	794	281	366	1441
女子	785	221	448	1454
計	1579	502	814	2895

結果と考察　(1)項目の決定：中・高・大学生のおのおのと3学生群の合同データに関して因子分析（主因子法，バリマックス回転，5因子解）が実施された。回転後の因子分析の結果から，原則として1因子に.30以上の負荷量をもち，複数因子に重複負荷の傾向が少ない項目を各因子10項目ずつ選択し，計50項目がFFPAと名づけられた。この50項目について，再度，因子分析を行なった結果が表9-4である。また，各学生群の因子構造と合同

●表9-4 FFPA 因子分析結果（n=2895）

因子	項目	中学	高校	大学	合同
情緒性	失敗しないかといつも心配だ	66	67	71	67
	ちょっとしたことを くよくよと気にする	59	71	78	67
	なにかひとに言われると すぐいやな気持ちになる	53	62	68	59
	なにをしても うまくいかないような気がする	58	56	67	59
	あれこれ考えすぎて 何もできないことがある	49	64	63	57
	なんとなく しょんぼりすることがある	53	52	58	55
	なかなか 決心がつかない	52	53	53	53
	人のすることが気になる	47	54	56	51
	人から見られているとおちつかない	47	47	56	51
	はずかしがりやである	47	42	47	48
協調性	いろいろな人と 友達になるのが楽しみだ	68	69	67	68
	友達がたくさんいる	64	63	62	64
	だれとでも 仲良くなれる	61	63	60	62
	人といっしょに 仕事をするのは楽しい	55	59	59	58
	まわりに 親切な人が多い	58	37	38	45
	人には 思いやりの気持ちが たいせつだと思う	49	45	40	43
	人の気持ちをできるだけ思いやろうとしている	47	45	44	42
	人が悲しんでいるのを見ると 私も悲しくなる	39	46	47	38
	人から 冷たい人間だと思われている	-38	-53	-36	-44
	心から たよりにできる友達が少ない	-61	-49	-48	-57
統制性	きめられた仕事は 責任を持ってやりとおす	64	62	70	67
	なんでも 一生けんめいに とりくむ方だ	65	50	59	63
	なんでも することがきびきびしている	57	60	57	60
	仕事をするのが はやい方だ	56	53	54	55
	会や集まりの時 人よりすすんで働く	58	32	34	53
	やくそくは きちんと守る	46	58	58	52
	計画をたてて 勉強している	45	52	53	46
	リーダーに選ばれることが多い	50	31	32	46
	やり始めたことを とちゅうでやめると ひどく気になる	40	38	46	40
	自分の部屋は いつもきれいにかたづけている	33	40	39	34
開放性	わけのわからないものに きょうみを持つ	61	64	66	64
	よく 空想にふける	64	58	56	61
	なにか変わった おもしろいことをしてみたい	58	56	57	57
	できそうにもないことをぼんやり考えることがある	57	56	58	56
	別世界へ行ってみたい	59	60	62	56
	好奇心が強い	47	43	48	50
	時々、いたずらをしてみたくなる	49	49	51	50
	学校の他にも いろいろなことをしてみたい	48	35	37	47
	時々 ぽかんとしている	44	37	39	44
	私には自分も知らない一面があると思う	40	48	32	42
外向性	ちょっとしたことで すぐ腹を立てる	68	75	67	69
	気が短い	66	77	63	67
	いたずらをされると だまっておれない	46	32	46	46
	自分の意見を おしとおす方だ	41	50	44	42
	目だちたがりやである	45	36	43	41
	じっとしているのがきらいだ	31	39	33	34
	いろいろ考えて じゅんびをするより はやくやりたい	30	36	31	31
	みんなで何か決めるとき あまり自分の意見を言わない	-33	-39	-34	-31
	おとなしい方だ	-40	-35	-37	-41
	あまり かっとならない	-61	-77	-61	-64
	因子寄与率（%）	35.5	37.8	37.8	36.8

表中の因子負荷量は小数以下の数値を表記したものである。

●表9-5　各学年群と合同データとの一致係数

	中学生	高校生	大学生
情緒性	.999	.998	.999
協調性	.996	.995	.995
統制性	.998	.984	.987
開放性	.999	.995	.995
外向性	.999	.989	.999

データの因子構造との一致係数（柳井・繁枡・前川・市川，1990）では，すべての因子で.98以上の高い値が示された（表9-5）。これらの結果からFFPAの因子構造は，各学生群と青年全体とで高度に一致していることが明かとなった。
(2)信頼性の検討：因子別のα係数は，一部において.68のやや低い値を示したものの，多くは3学生群ともに.70以上の値を示しており，下位尺度の内的整合性はほぼ満たされていた。テスト一再テストで得たFFPS得点から，FFPAに該当する項目を抜粋し，下位尺度間の相関係数が求められた。その結果，5因子のすべてで.74から.87のかなり高い値が示されており，FFPAは十分な安定性を備えた尺度であるとされた。
(3)妥当性の検討：FFPAとFFPQとのすべての下位尺度間で中程度以上の相関関係が見られたことから，FFPAの基準関連妥当性が認められた。

FFPSの記述調査への反応を用いた概念的妥当性の検討のデータから，記述反応が5因子性格特性概念に該当する度合いの高，低群（p.106参照）間でFFPA得点を比較した。その結果，該当する度合いの高い群の方が低い群よりFFPA得点が有意に高い結果が得られ，FFPAの概念的妥当性が確かめられた。
(4)正規性の検討：最後にFFPAの得点分布形態から，下位尺度得点の正規性の検討が行なわれた。その結果，いずれの学生群においても各下位尺度ともに，平均値と中央値はほぼ一致しており，また，歪度，尖度ともに1.0未満の値であり，正規分布からの大きなかたよりは見られなかった。

以上の結果から，FFPAが性格尺度としての基本的要件を満たすことが確認された。

③ 本研究の評価

　昨今，衝動的，攻撃的傾向や，ストレスによる無気力，不安，抑うつ，不機嫌などから生じる反社会的あるいは非社会的行動が，青少年の間で問題となることが多い。このような行動の背景には，社会的，家庭的環境要因があげられると同時に，個人のもつ性格特性も問題行動の個人差を規定する重要な要因の1つと考えられる。青少年の性格特性を，発達的観点を視野に入れて把握するためには，中学生から大学生までの青年期を通して測定できる，信頼し得る尺度の利用が望ましい。投影法のいくつかはこの条件を満たしているが，複数のテスト・バッテリーに組み込まれた形で集団実施することは事実上，困難である。このような状況の中で，青年期全般にわたって使用可能な青年用の性格尺度が作成されたことは意義あることと思われる。

④ 読者のために ── コーヒーブレイク ──

　児童，生徒を対象として，小学校や中学校で調査を実施する場合には，つねに細心の注意が必要である。特に卒業論文のための調査などの場合には，その研究結果が生徒や教師にとって直接役立つものは少ない。勢い，調査は実施するのではなく，実施させていただくこととなる。その意識を持てば，目的はていねいにわかりやすく伝える，先生方に協力していただける範囲を事前に確認し，使える時間内に終了するように調査計画を立てる，対象者のプライバシーは厳重に保守するなどの配慮は自然と出てくるであろう。結果が出た時点で報告書を提出するのは当然であるが，卒業論文のコピーをそのまま届けても，興味をもって読んでもらえることはほとんどない。むしろ，始末に困られることが多い。それよりも，たとえば，学年間の得点を比較して，個々の学年の特徴を述べるとか，男女差のグラフを提示するなどの方が現場の先生方にとっては有用であろう。もし余裕があれば，自分の研究と直接関係のないテーマであっても，学校側が希望される調査があれば併行して実施し（できれば標準化された尺度を使うのが望ましい），結果を返すなどの労力を惜しまないでほしい。

　あなた方のきちんとした対応が，後輩を，調査対象校探しの苦労から多少な

りとも開放するであろうから。

引用文献

Goldberg, L.R. 1981 Language and individual differences ; The search for universals in personality lexicons In L. Wheeler(Ed), *Review of Personality and Social Psychology*. Vol. 2. Beverly Hills, Calif. : Saga Publication. Pp. 141-165.
柏木繁男 1997 性格の評価と表現－特性5因子論からのアプローチ－ 有斐閣
柏木繁男・和田さゆり・青木孝悦 1993 性格特性のBIG FIVEと日本語版ACL項目の斜交因子基本パターン 心理学研究, **64**, 153-159.
McCrae, R.R.& Costa, P.T. 1987 Validation of the Five-factor model of personality across instruments and observers. *Journal of Personality and Social Psychology*, **52**, 81-90.
村上宣寛・村上千恵子 1997 主要5因子性格検査の尺度構成 性格心理学研究 **6**(1), 29-39.
Norman, W.T. 1963 Toward an adequate taxonomy of personality attributes : Replicated factor structure in peer nomination personality ratings. *Journal of Abnormal and Social Psychology*, **66**, 574-583.
下仲順子・中里克治・権藤恭之・高山緑 1998 日本版NEO-PI-Rの作成とその因子的妥当性の検討 性格心理学研究, **6**, 138-147.
曽我祥子 1999 小学生用5因子性格検査（FFPC）の標準化 心理学研究, **70**, 346-351.
曽我祥子 2000a 中学生用5因子性格検査（FFPS）の作成と妥当性・信頼性の検討 小学生・中学生用5因子性格検査の作成 平成9, 10, 11年度科学研究費補助金基礎研究（C）(1)研究成果報告書 課題番号09610151, 26-43.
曽我祥子 2000b 青年用5因子性格検査（FFPA）の作成と妥当性・信頼性の検討 日本性格心理学会第9回大会発表論文集, 102-103.
辻 平治郎（編） 1998 5因子性格検査の理論と実際 北大路書房
Tupes, E.C. & Christal, R.E. 1961 *Recurrent personality factors based on trait ratings*, (Technical report ASD-TR-61-97). Lackland Air Force Base, TX. : U.S.Air Force.
柳井晴夫・繁枡算男・前川真一・市川雅教 1990 因子分析―その理論と方法― 朝倉書店 Pp. 122-123.
和田さゆり 1996 性格特性用語を用いたBig Five尺度の作成 心理学研究, **67**, 61-67.

コラム 8 性格心理学への招待

　性格心理学の研究の方法は，背景にある理論によって異なり，①臨床的アプローチ，②実験的アプローチ，③相関的アプローチの3つに分類できる(Pervin, 1993)。①臨床的アプローチは，精神分析的な立場で，事例研究を中心に面接法や投影法などの検査を行なう。個人について詳細な研究ができるが，データの解釈が主観的になるおそれがある。②実験的アプローチは，社会的学習理論の立場にたち，実験を行なう。状況を統制して実験を組み立てるため変数の操作ができ，因果関係を明確にできるが，データの解釈を一般化するのがむずかしい。③相関的アプローチは，特性論の立場で，質問紙を用いる。多数のデータを比較的容易に得て，変数間の関連を調査することができるが，自己報告によるデータの信頼性と妥当性に問題が生じることがある。

　では，性格心理学に関する研究テーマについていくつか紹介しよう。

〈性格は，いつでもどこでも変わらないのか？〉

　ミシェル(Mischel, 1968)は，「状況を超えた行動の一貫性はない」という議論から，それまで主流であった性格の研究に対して鋭い批判をし，特性などの仮説的構成概念に基づく研究の危険性を戒めた。その後の「人間-状況論争（一貫性論争）」の結果，状況による行動の変化を重視する「相互作用論」が現われた。それは，特性論が仮定してきたような行動の通状況的一貫性よりも，状況によって安定，変化する行動のパターンの一貫性をとらえることの重要性を強調している。また，方法論的な問題として，測定をくり返し行ない，複数のデータを集めることが提案されている。

〈同じ他者を見ても，見る人によって違う印象をもつのはなぜか？〉

　他者についてのさまざまな情報を手がかりにして，その人の内面の特性や心理過程を推論する働きを対人認知というが，ある1人の人に対して，すべての人が同じ印象をもつわけではない。そのような認知の個人差を説明するために，暗黙の性格観，個人的構成体，認知的複雑性などの概念が考えられている。また，個人が，用いる特性の数や内容，特性間の関連性の相違が認知に影響することなどが明らかにされている。

〈性格はどのように形成されるのか？〉

　性格は，発達の初期からみられるその個人の特徴と，環境の要因との相互作用によって形成されていくものと考えられている。生まれたばかりの赤ちゃんにも，手のかからない子，取り扱いのむずかしい子，時間のかかる子というよ

（関塚麻由）

うな気質上の違いがあることが報告され、乳児期の性格を測定するための尺度も開発されている。また、環境の要因として、親の養育態度や出生順位と子どもの性格との関連などについての研究も行なわれている。

〈健康な性格とはどのようなものか？〉

　心の健康の問題は、発達にも関連し、文化や時代の価値観によっても異なってくるが、健康であることは、正常とか異常とかいうことではない。シュルツ(Schultz, 1977)は、心の健康について扱った過去の研究者たち（オルポート、ロジャーズ、フロム、マスロー、ユング、フランクル、パールス）の考え方をまとめている。全員に共通している点は、「精神的に健康な人は自分の生活を意識的にコントロールできる」ということだけであり、この問題の複雑さ、視点による違いがうかがえる。

〈どのような性格テストがあるのか？〉

　性格テストには、投影法、作業検査法、質問紙法がある。最近では、個人の心理的傾向を理解するために、研究者によってさまざまな概念が考えられ、それらを測定するための尺度が開発されている。よい尺度の条件として、信頼性と妥当性が満たされていることが大切である。尺度の使用法や作成方法、最近開発された尺度の特徴などについては、『心理測定尺度集』(堀, 2001)を参照するとよい。

〈性格心理学のこれからは？〉

　現実の生きた人間の心を扱う分野として、行動遺伝学、神経心理学、大脳生理学などの研究成果を視野に入れた研究も展開されている。

■引用文献■
　堀　洋道（監）　2001　心理測定尺度集Ⅰ～Ⅲ　サイエンス社
　Mischel, W. 1968　*Personality and Assesssment*. N.Y.: Wiley.　詫摩武俊（監訳）　1992　パーソナリティの理論：状況主義的アプローチ　誠信書房
　Pervin, L.A.　1993　*Personality : Theory and research*, 6th ed. N.Y.: Wiley.
　Schultz, D.　1977　*Growth Psychology*. Litton Educational Publishing, Inc.　上田吉一（訳）　1982　健康な人格　川島書房

　　〈推薦書１〉：杉山憲司(編)　1999　性格研究の技法（シリーズ・心理学の技法）　福村出版
　　〈推薦書２〉：Krahe, B. 1992　*Personality and Social Psychology : Towards a synthesis*. London : Sage.　堀毛一也(編訳)1996　社会的状況とパーソナリティ　北大路書房

10章 エントリー・モデル8：異なる知見，説明を実証的に統合して解決する

　この章では，これまでに報告された先行研究のうち，共通する現象についての異なる知見，説明，理論を考察し，それらを実証的に統合して説明する。まず，本章の最初に，顕在記憶と潜在記憶が異なる性質をもつという研究の現状を紹介する。次に，これらの研究を先行研究群として位置づけたエントリー・モデル8による研究として，ブラクストン(Blaxton, 1989)の概要を述べる。最後に，このブラクストン(Blaxton, 1989)の研究による総合的な説明について考える。

1　先行研究：顕在記憶と潜在記憶に関する研究の概略

> 顕在記憶、潜在記憶とは何か

　顕在記憶とは過去の経験を意識する記憶，潜在記憶とは過去の経験を意識しない記憶，とされる。この2つの記憶は，健忘症患者(amnesia)が先行経験を想起できないのにその影響を受けているという現象が基になって区分されている（顕在記憶と潜在記憶については太田，1999の各論文を参照）。たとえば，日常的な場面で考えるならば，試験において授業中に見たある特定の図を思い出そうと努力して思い出したものは「顕在記憶」といえるだろう。それとは異なり，授業中に習ったことを意識することなく，習い覚えた知識が利用され，回答された場合は，過去を意識しないという点でその利用された知識に関する記憶は「潜在記憶」といえるだろう。
　この顕在記憶と潜在記憶が異なるということを示唆する多くの現象が報告され，同時にそれらの現象を説明するための理論やモデルが提唱されている。

注：本章は，読者の研究法レッスンの目的のために，原論文の一部分のみを強調して書き下ろしたものである。
　　読後は，必ず原論文にあたって総合的な視野を広げ，さらにレッスンを深めてもらいたい。

① 先行研究：顕在記憶と潜在記憶に関する研究の概略

顕在記憶、潜在記憶の分離

潜在記憶が顕在記憶とは異なる性質をもち，分離している（違っている）ということを示す証拠がいくつも報告されている。代表的なものとして，①顕在記憶では処理水準効果（意味に注目して覚えたもののほうが，形や音に注目して覚えたものよりよく思い出せる）が現われる。ところが潜在記憶では現われない（たとえば，Graf & Mandler, 1984 注：効果ということばには「影響」を意味している場合と，「現象」を意味している場合がある。この場合は「現象」である。），②顕在記憶に比べて潜在記憶が保たれる期間が非常に長い（たとえば，Tulving, Schacter, & Stark, 1982），③顕在記憶では生成効果（覚えるべき単語を被験者が文脈から作った場合，単にその単語を読んだ場合よりもよく思い出せる）が現われるのに対して，潜在記憶では現われない（たとえば，Jacoby, 1983），④モダリティ効果（覚える際と思い出す際に利用する感覚の種類（視覚や聴覚）が同じである場合に異なる場合よりもよく思い出せる）が顕在記憶では現われないのに対して，潜在記憶では現われる（たとえば，Jacoby & Dallas, 1981），といった報告がある。

顕在記憶と潜在記憶の理論的説明

このように顕在記憶と潜在記憶は異なっているという指摘がなされていた。そして，なぜ２つの記憶が異なるのかを説明する理論として，記憶システム論（記憶が異なるのは，それらの記憶に関係しているシステムが異なることが原因だ），処理説（記憶が異なるのは，記憶の処理の仕方が異なることが原因だ）の２つが主たるものとしてある。

記憶システム論では，大きく分けて２つの記憶システムを想定している。それらは，エピソード記憶システムと意味記憶システムである。エピソード記憶システムとは，過去のある特定の出来事（すなわちエピソード）を思い出す場合に働くシステムのことである。意味記憶システムとは，語の意味を思い出す場合のように特定の出来事（エピソード）を伴わずに記憶を検索する場合に働くシステムのことである。たとえば，中学時代に初めて英語を習った授業において先生が最初にどんなあいさつをしたかを思い出すときには，エピソード記憶システムが働いていると考えられる。一方，ある英単語の意味を思い出す（「car」は「くるま」の意味と思い出す）場合には，特定の出来事を思い出しているわけではないため，意味記憶システムが働いていると考えられる（も

もちろん中学時代に car の意味を習った授業のことを思い出したならば，エピソード記憶システムが働いていることになる）。記憶システム論において，この2つのシステムが想定され，顕在記憶ではエピソード記憶システムが働き，潜在記憶では意味記憶システムが働くと説明していた。

　処理説でも，大きく分けて2つの認知処理を想定している。それはデータ駆動型処理と概念駆動型処理である。データ駆動型処理とは，処理する対象の物理的な特徴（たとえば，文字の大きさ，フォントの種類，音の響き）に関する処理のことである。ある単語の文字が大きいとか小さいとか，フォントが同じか違うかなどについての判断がその例である。概念駆動型処理とは，処理する対象の意味的（概念的）な特徴（たとえば，類義語として何があるか，反意語は何か）に関する処理である。たとえば，ある単語の抽象性の程度を1から5までの数字で表わすという課題では，概念駆動型処理をする必要があるだろう。この処理説において，顕在記憶と潜在記憶におけるさまざまな分離は，顕在記憶を測定する課題に概念駆動型処理をしなければならない課題（概念駆動型処理課題）が使われ，潜在記憶を測定する課題にデータ駆動型処理をしなければならない課題（データ駆動型処理課題）が使われたことが原因で生じた，すなわち記憶課題の要求する処理が異なったことが原因だと説明している。

　記憶システム論からの説明と処理説からの説明ではどちらが適切に現象や実験の結果を説明できるのであろうか。その点を検討したのが次に紹介するブラクストン(Blaxton, 1989)である。

② 本研究：顕在記憶と潜在記憶の理論的解決を統合的に追求する——Blaxton（1989）

<small>ブラクストンの研究</small>

　ブラクストン(Blaxton, 1989)では，記憶システム論からの説明と処理説の説明のどちらが適切なものかを検討するために，「生成効果」という現象に焦点をあてている。そして処理説と記憶システム説のどちらが適切な説明なのかを検討している。

② 本研究：顕在記憶と潜在記憶の理論的解決を統合的に追求する

実験のロジック

　その検討を行なった実験のロジックは，記憶システム論から予測される記憶課題の分類と，処理説から予測される記憶課題の分類のどちらが適切な分類となるかを比較するという考えに基づいていた。すなわち，2つの視点からの説明が矛盾する状況を作り上げ，どちらの説明が適切かを検討するというロジックである。

　この検討を行なうために，ブラクストン（1989）では図10-1に載せてある5つの記憶課題が用意された。図10-1に示してあるように，記憶システムの観点から5つの記憶課題を分類すると，①文字手がかり再生課題，自由再生課題，意味手がかり再生課題の3つは，覚えたときのエピソードを思い出すことを要求している課題，すなわち「エピソード記憶課題」である。さらに②単語断片完成課題，一般知識課題の2つは，覚えたときのエピソードを思い出すことを要求しない，そのため「意味記憶課題」と分類される（次頁の方法の(3)手続きにおける記憶課題段階の教示に関する説明を参照）。処理説の視点から5つの記憶課題を分類すると③文字手がかり再生課題，単語断片完成課題の2つは「データ駆動型処理課題」に分類される。この分類は，2つの課題の手がかりとターゲット（正答）が物理的に類似した関係にあるという推定に基づいている（表10-1参照）。さらに④自由再生課題，意味手がかり再生課題，一般知識課題の3つは「概念駆動型処理課題」と分類される。この分類は，これら3つの課題の遂行に概念的，すなわち言語的な処理が必要とされると推定される，または手がか

		記憶システム ↑a	
		エピソード記憶	意味記憶
b→ 処理の種類	データ駆動型	文字手がかり再生課題	単語断片完成課題
	概念駆動型	自由再生課題 意味手がかり再生課題	一般知識課題

注：この図はBlaxton(1989)のFigure1を基に作成した。矢印aの方向からの視点に基づき分類するか，矢印bの方向からの視点に基づき分類するかにより，記憶課題の分類が異なってくる。

●図10-1　記憶システム論と処理説による記憶課題の分類

りとターゲットの関係が概念的（意味的）であることに基づいている。

　もし記憶システム論から現象を眺めることが適切であれば（すなわち記憶システム論による分類が適切であれば），①と②の記憶課題の間において成績に何らかの違いが出てくると考えられる。さらに記憶システム論では③と④の記憶課題の間には質的な違いを指摘していないため，③と④の記憶課題の成績に違いはないと考えられる。また処理説から現象を眺めることが適切であれば，③と④の記憶課題の間で記憶課題の成績に何らかの違いが出て，①と②の記憶課題の成績に差は出てこないと考えられる。すなわち，2つの理論からの説明（予測）には矛盾がある。

方法

　(1)実験計画：記憶課題ごとに1要因の実験計画が行なわれた（注：この場合，ある記憶課題内において生成効果を示す課題成績のパターンが出現するかどうかが検討の目的である。この検討の目的から考えると，記憶課題間の比較を行なう必要はない。そのため，記憶課題間の比較を行なうような実験計画を用いる必要はない）。検討した要因は，被験者内要因であり，学習段階での単語への方向づけ課題の種類による条件が設定された。その条件には，①生成条件，②文脈条件，③非文脈条件があった。①生成条件が③非文脈条件よりも高い記憶課題成績となるパターンを示せば，生成効果が出たことになる（注：この非文脈条件の課題は，生成効果研究における「読み条件」に相当する）。記憶課題の種類には，①自由再生課題，②一般知識課題，③意味手がかり再生課題，④単語断片完成課題，⑤文字手がかり再生課題があった。

　(2)被験者：大学生60人が実験に参加した。

　(3)手続き：実験は大きく分けて①学習段階と②記憶課題段階の2つに分けることができた。①学習段階において，被験者は3つの課題を行なった。生成条件の課題では，ある単語と生成すべき単語の先頭1文字が呈示された（例：hawke, この場合 eagle を生成することが期待されている）。このとき, 被験者は単語に意味的に関係があり, 先頭1文字がうまくあてはまる別の単語を作り出し（生成し）, 声に出して答えた。文脈条件の課題では, 2つの単語が呈示され（例：hawk が呈示されてから eagle が呈示された），この2つの単語を声に出して読んだ。この

② 本研究：顕在記憶と潜在記憶の理論的解決を統合的に追求する

●表10-1　学習段階において提示された単語と記憶課題での手がかり

ターゲット	単語断片完成課題	文字手がかり再生課題	意味手がかり再生課題	一般知識課題
computer	C--PU---	commuter	processor	ユニバックとは何ですか？
universe	-IV-SE	unversed	cosmos	ビックバンは何を作り出しましたか？
metropolis	M-T---OL-S	acropolis	township	クラーク・ケントとルイス・レーンが住んでいる架空の都市の名前は何ですか？

注：自由再生課題では，手がかりは提示されない。ターゲットとは非文脈条件では読んだ単語のこと，文脈条件では2つ目の単語のこと，生成条件では被験者が生成した単語のことである。
　この図は，Blaxton(1989)の Table 1 を基に作成した。

とき，2つの単語には意味的な関連があった。非文脈条件の課題では，まず「×××」が呈示され，次に単語が呈示され，被験者はその単語を声に出して読んだ。

②記憶課題段階において，5つの記憶課題のどれかに割り当てられた被験者は，表10-1にあるような手がかりが与えられ，回答を行なった。自由再生課題，文字手がかり再生課題，意味手がかり再生課題では手がかりから学習段階の単語を思い出し，回答するように教示されていた（注：ブラクストン，1989に明記されていないが，一般に，一般知識課題，単語断片完成課題のような潜在記憶課題では，各手がかりから答えとして心に思い浮かんだ単語を回答するようにと教示される）。

結果と考察

　実験の結果は，表10-2のようなものであった。記憶課題ごとに分散分析を行なった結果，自由再生課題，意味手がかり再生課題，一般知識課題において非文脈条件よりも生成条件の課題成績が有意に高いことが認められた（生成効果アリ）。単語断片完成課題，文字手がかり再生課題において生成条件よりも非文脈条件の課題成績が有意に高いことが認められた。

　この結果は，自由再生課題，意味手がかり再生課題，一般知識課題において生成効果が出現し，単語断片完成課題，文字手がかり再生課題において生成効果とは逆の効果（逆生成効果）が出現したことを意味している。この結果のパターンは，処理説からの分類に一致するものである（図10-1におけるbの視点からの分類に一致）。すなわち，本研究の結果からは処理説のほうがより適切な説明であると考えられる。

●表10-2　ブラクストン(Blaxton, 1989)の実験１における各記憶課題の正答率

記憶課題の種類	学　習　条　件			
	生成条件	文脈条件	非文脈条件	
概念駆動型処理課題				
自由再生課題	.30	.16	.19	生成効果あり
一般知識課題	.50	.38	.33	生成効果あり
意味手がかり記憶課題	.67	.46	.51	生成効果あり
データ駆動型処理課題				
単語断片完成課題	.46	.62	.75	生成効果なし（逆生成効果あり）
文字手がかり再生課題	.34	.40	.45	生成効果なし（逆生成効果あり）

注：「生成効果あり」とは生成条件が非文脈条件より有意に高い記憶課題成績を示している場合のこと。「逆生成効果あり」とは非文脈条件が生成条件よりも有意に高い記憶成績を示している場合のこと。この表はブラクストン（Blaxton, 1989）のTable2を基に作成した。

③　本研究の評価

　本章においてブラクストン(1989)を紹介した意図は、「先行する研究を統合して、新たに１つの総合的、あるいは説明的な結論になることをデータとして実証する」過程を検討することにある。その点からすると、ブラクストン(1989)の研究は、２つの理論的立場からの説明を比較している点に特徴がある。この並列して論じられた２つの理論のうち片方の理論からの説明が他方の理論の説明より優れていることが明らかになることにより、理論（説明）の統合化が進んだ。

　このことを研究史の流れからみる。まず顕在記憶と潜在記憶に関する研究の初期において記憶システム論からの説明が多くなされた。その後、研究が進むにつれて処理説からの説明が多くなされ、記憶システム論の説明が批判されてきた。最近では処理説と記憶システム論を統合したような説明も提唱されている（顕在記憶と潜在記憶の研究における理論の流れについては、岡田、1999を参照）。ブラクストン(1989)の研究は、それまで研究者の間で混沌とした状況と見なされていた状況が、ある視点（処理説）から眺める（説明する）と秩序だって見えることを指摘しているといえるであろう。この研究の優れた点は、科学的な説明をする際の視点の選択をした実験のロジックの明瞭さにある。

④ 読者のために──コーヒーブレイク──

視点の重要性

　2つの先行研究，現象，理論などを統合的にとらえることのポイントとなるのは，対象をどのような視点から眺めるかということである。たとえば，ある対象をある視点から眺めると2つに見えたり，別の視点から眺めると1つに見えたりということがある。このことを図10-2に模式的に表わした。2つの対象をみる視点の違いによって，1つの対象として認識されたり，2つの対象として認識されたりする(図10-2a, b 参照)。さらに，2つの対象であっても視点の違いにより，得られる形は異なる可能性がある(図10-2 b, c 参照)。異なった形が見える別々の視点であっても，どちらの視点がより適切かということもあるだろう。心理学の検討対象となる現象も視点の違いにより，同一のものとされたり，別のものとされたりする。

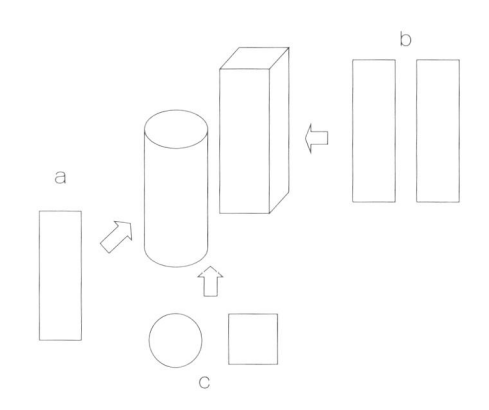

●図10-2　視点による対象の認識の変化

　このとき，視点といってもさまざまな種類があることに注意しておくべきだろう。たとえば，心理学を例にとると，認知心理学的な視点，生理心理学的な視点，発達心理学的な視点，社会心理学的，教育心理学的，臨床心理学的…など多くの視点が考えられる。

　多種多様な視点を統一的にまとめあげて理解し，研究を進めるために，図10-3に1つの試案を示した。ある現象を理解するためには，①その現象の構造や機能

第2部 論理展開のレッスン

10章 エントリー・モデル8：異なる知見，説明を実証的に統合して解決する

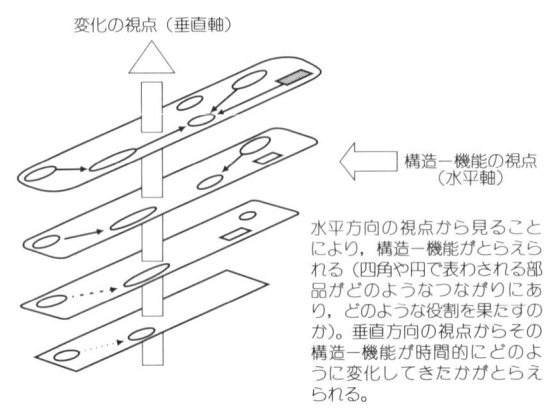

水平方向の視点から見ることにより，構造―機能がとらえられる（四角や円で表わされる部品がどのようなつながりにあり，どのような役割を果たすのか）。垂直方向の視点からその構造―機能が時間的にどのように変化してきたかがとらえられる。

図10-3 構造―機能の視点（水平軸）と変化の視点（垂直軸）

をとらえる(水平軸，構造―機能の視点)，②構造や機能の変化をとらえる(垂直軸，変化の視点)，という視点が想定できる。構造―機能の視点は，生理心理学，認知心理学，社会心理学などがあてはまり，変化の軸には発達心理学や進化心理学があてはまるかもしれない(もちろん各心理学には，構造―機能の視点と変化の視点の両方が組み込まれており，単純に2つに分類はできないだろう)。

さらに実際の研究となると，多くの場合，ある心理学の内において現象を検討していくことになる。その際には，特定の理論やモデルからの視点という形をとる。A理論の視点とB理論の視点のどちらが現象を適切に説明するかが検討のポイントとなる。すると，ある理論からの説明が適切で優れていると判断する基準は何であろうか。それには，「説明に矛盾がないこと」「説明することのできる範囲の広さ（一般化の問題）」「より単純な説明であるかどうか（節約の法則，単純性の原理）」などがあげられる(科学的な説明とは何かについては，菊池・谷口・宮元(1995)，小牧(2000)，古谷野・長田(1992)，高根(1979)，内井(1995)，八杉(1991)を参照)。

まとめ
読者の皆さんが卒業研究において2つの先行研究や理論をまとめようとする際には，第1に「各研究の視点はどんなものなのか」に留意して欲しい。第2に「2つを統合する際の形」はどのようなものになるのか

に留意するとよいだろう。たとえば,「どちらかの理論が適切であるかを示す」「2つの理論や説明を統一的に説明する新しい理論や説明を作りだす」「各理論が説明できる条件や範囲を明らかにする」「2つの理論にまったく無関係な視点からの説明を新しい考え出す」といった具合である。このようなことに配慮することにより,よりダイナミックな卒業研究が行なえるだろう。

この領域についての読者への案内

　心理学における記憶の研究について知るためには,次の本をおすすめする。
- 太田信夫・多鹿秀継(編)　2000　記憶研究の最前線　北大路書房
- 高野陽太郎(編)　1995　記憶(認知心理学2)　東京大学出版会

　また,記憶と意識の関係,そして潜在記憶について知り,考えるには次の本および雑誌の各論文を読むことをおすすめする。
- クラツキー,R.L.(著)　梅本堯夫(監)　川口　潤(訳)1986　記憶と意識の情報処理　サイエンス社 (Klatzky, R.L. 1984 *Memory and awareness*: *An information processing perspective*. New York: Freeman)
- 太田信夫(編)　1999　特集:潜在記憶　心理学評論,42(2).

引用文献

Blaxton, T.A.　1989　Investigating dissociations among memory measures: Support for a transfer-appropriate processing framework. *Journal of Experimental Psychology*: *Learning, Memory, and Cognition*, **15**, 657-668.

古谷野亘・長田久雄　1992　実証研究の手引き　―調査と実験の進め方・まとめ方―　ワールドプランニング

Graf, P., & Mandler, G.　1984　Activation makes words more accessible, but not necessarily more retrievable. *Journal of Verbal Learning and Verbal Behavior*, **23**, 553-568.

Jacoby, L.L., & Dallas, M.　1981　On the relationship between autobiographical memory and perceptual learning. *Journal of Experimental Psychology*: *General*,**110**, 306-340.

Jacoby, L.L.　1983　Remembering the data: Analyzing interactive processes in reading. *Journal of Verbal Learning and Verbal Behavior*, **22**, 485-508.

菊池　聡・谷口高士・宮元博章　1995　不思議現象なぜ信じるのか―こころの科学入門―　北大路書房

小牧純爾　2000　心理学実験の理論と計画　ナカニシヤ出版

岡田圭二　1999　潜在記憶理論の展望　心理学評論,42, 132-151.

太田信夫(編)　1999　特集:潜在記憶　心理学評論,**42**(2).

高根正昭　1979　創造の方法学(講談社現代新書)　講談社

Tulving, E.,Schacter, D.L., & Stark, H.A.　1982　Priming effects in word-fragment completion are independent of recognition memory. *Journal of Experimental Psychology*: *Learning, Memory, and Cognition*, **8**, 336-342.

内井惣七　1995　科学哲学入門　―科学の方法・科学の目的―　世界思想社

八杉龍一　1991　科学とは何か　東京教学社

コラム 9　健康心理学への招待

　健康心理学とは，心身の健康を保つため，また疾病の予防や治療などに用いられる心理学である。健康心理学は広い領域を扱うが，最近国内外の研究テーマとして取りあげられることが多い3つのテーマを以下に紹介する。1つ目は，健康な人の健康維持，さらには生活習慣病や，その他の疾病に将来かからないための予防などである。たとえば，海外文献に散見される学生対象の禁煙教育，正しい食行動に関する教育などがある。喫煙，あるいは誤った食生活の習慣を変えることは容易でなく，それらが引き起こす身体不良などを単に教えるだけでは，正しい習慣を身につけることはむずかしい。禁煙，あるいは適切な食行動を身につけ，維持することにかかわる要因を健康心理学は扱い，その成果は実践に用いられている。また，国内でも自治体などによる健康啓蒙活動，健康教室などに，健康心理学は貢献している。たとえば，生活習慣病の予防に関する教育プログラムの作成，周囲の人の協力方法，健康維持にかかわる心理的要因などの領域で参加し，教室参加者の健康維持に一定の成果をあげつつある。

　2つ目に，疾病を抱えている患者の治療に加えて生活の質（quality of life：QOL）の向上に貢献することがある。これまでに，癌患者，慢性疾患，HIV保持者，糖尿病患者などが，病気や治療に対する考え方を適切なものにすることで病気であっても快適な生活をすごせるようになったり，治療の効果をあげることが明らかとなっている。最近では，患者だけにとどまらず，患者の介護に当たる人々についても研究が進み，介護者の心身にかかる負担を軽くし，患者と介護者双方にとってよりよい介護のあり方が提案されている。

　3つ目の健康心理学の大きなテーマにストレス軽減のための対処法の研究がある。ストレスと，心臓疾患・喘息・アトピー性皮膚炎などをはじめとする，さまざまな病気の発症，あるいは病気の維持との関係は，健康心理学によって明らかにされてきている。たとえば「タイプA」といわれる性格，行動パターンは，心臓疾患を招く要因の1つである。

　ところで，ストレスは疾患と関係しているだけではない。現代社会はストレスにあふれており，健康な人にとってもストレスは上手に対処しないと，心身への悪影響を及ぼすものである。同じつらい状況にさらされても，ストレスを感じる人と，感じない人がいることから，ストレスが生じる過程の研究がされてきた。これまでの研究で，ストレスを感じる強さが個人によって異なる要因として，①ストレスを発生させる原因や状況に対する嫌悪度の違い（ストレッサーの評価），②ストレスを感じたときに，どのように考えるか（認知的評価），③それに対してどのようなことを行なうか（対処行動）が関係していることがわかっている。そして，ストレスに対する考え方や対処の仕方を適切なものに

（日下部典子）

すること，すなわち，ストレッサーに対して，何とかできると前向きに考えたり，問題を解決しようと積極的に対処することが，ストレス状況が心身に及ぼす影響を小さくさせるのである。また，周囲の人からのソーシャル・サポートのストレス軽減についても研究が進んでいる。

さて，ストレスを感じる状況は人がおかれている立場によって異なる。つまり，誰にでも有効なストレス解消法はないかもしれない。つまり，おかれている状況ごとにストレスを感じる要因，適切な対処行動を考えることが現実的である。これまでに，児童・生徒・大学生などの学校ストレス，職場ストレスやテクノストレス，また育児ストレスや介護ストレスなどもとりあげられ，おのおのの対象者により適切で，具体的なアドバイスが提供されている。

以上見てきたように，健康心理学は社会と密接にかかわっている学問である。社会の高年齢化，少子化などの変化にあわせて，健康心理学はその対象を広げ，健康に老いることや，母子ともに健康にいられること，子どもの健全な育成に貢献していくことになるであろう。

〈推薦書1〉: Stone, J. 1990 *Health Psychology*. 本明　寛・内山喜久夫（監訳）1990　健康心理学　実務教育出版
〈推薦書2〉: Lazarus, R.S. & Folkman, S. 1984 *Stress, Appraisal, and Coping*. New York : Springer. 本明　寛・春木　豊・織田正美（監訳）1991　ストレスの心理学－認知的評価と対処の研究　実務教育出版

II章 エントリー・モデル9：個に接近する新技法を適用する

　この章では，先行研究の手法やテーマに対して，新しい改良的な分析方法・技術を用いて事例研究を活性化することをめざす。まず，本章の最初に，個に対する新技法としてのPAC分析（内藤，1993a）以前のアプローチを概観する。次に，エントリー・モデル9による研究（井上，1998）を通して個に接近する新技法の成果について紹介する。最後に，この井上（1998）の研究による研究法の評価を解説する。

1　先行研究：PAC分析法以前を概観する

PAC分析とは

　PAC分析とは，内藤（1993a）によって開発された，個人別態度構造（personal attitude construct）分析である。PAC分析という新しい手法が，個別事例に対する研究に適用可能であることが示されてきた（たとえば，内藤，1993b；内藤，1994など）。そこでは，個別事例の特殊性とともに一般的行動原理として説明されうるイメージ構造が，そのデータによって間主観的に理解されうる可能性を提示してくれるものとなっているといえよう。

　その手続きは，当該テーマに関する自由連想，連想項目の類似度評定，類似度距離行列によるクラスター分析，被験者によるクラスター構造のイメージや解釈の報告，研究者による総合的解釈といった流れとなる。具体的な実施方法については，内藤（1997；2001）に詳しい。

PAC分析法以前の研究

　社会心理学においては，その主要な研究領域として態度および態度変容に関する研究が行なわれてきた。態度は，「事物・人間・集団あるいは社会事象に対して一定の仕方で反応させる内的傾向（深田，1995）」と理解され，「人間行動を予測・説明するために使用される社会心理学の概念

注：本章は，読者の研究法レッスンの目的のために，原論文の一部分のみを強調して書き下ろしたものである。読後は，必ず原論文にあたって総合的な視野を広げ，さらにレッスンを深めてもらいたい。

1 先行研究：PAC分析法以前を概観する

の中で最も重要な概念の一つ」とされている。ところで，オールポート（Allport, 1935）が，態度を特定の仕方で反応する個人の構え（set）とみなしたように，態度は個々人に特有のものであるという視点が存在していた。しかし，その研究法は，多数の人々に共通した因子が抽出される因子分析法に拠っていたり，態度変容前後の平均値の変化によって検討されてきたのである。

　因子分析法に代表されるこれらの研究法によって明らかにされてきたのは，かなり多くの人々に共通した要因や特性である。たとえば，落として散らばった数100枚の絵を，あわてて拾い集めて重ねたばかりの，まだ角がそろっていないバラバラの紙の状態を考えてみよう。その紙の一枚一枚が一人ひとりの心の広がりを意味するとすると，何とか重なり合っている部分が人々の共通部分に相当する。その共通部分から似たような色合いのものを抽出していって，濃淡の赤があり，目の覚めるような明るい赤があり，少し黄色の混じった赤があり，茶色の混じった赤や濃いピンクもあるなどとするとき，それらの集まり（因子）に対して「赤」と命名することにする。別の色合いの集まりに対しては，「青」とか「緑」とか「黄色」とかもあるといった具合である。そうやって，因子分析法によって人の"こころ"を構成する共通した色合いをある程度探し出すことに成功してきたと考えることができよう。しかし，ここで考えてほしいのは，その紙の一枚一枚が共通に重なり合っていない部分がじつは一人ひとりの独自の"こころ"の広がりとして存在しているということである。因子分析においては，少数の人しかもたない特性については因子として抽出されてこないといった事情がある。とすれば，残念ながら多くの人に共通した色合い（因子）とその構造を理解することは可能であるが，個々人に特有な心の風景を描き出すことはできないということになる。

　最近では質問紙法によって得られたデータに対する分析手法がコンピュータの恩恵を受けて格段に進歩した。その結果，重回帰分析や共分散構造分析などによって，複数の要因に対する因果関係について検討することが可能になっている。しかし，人間の意識レベルと実際行動の間のズレは，これまでも再三指摘されてきているところである。

事例研究とPAC分析

　面接法においては，その個人に特有な内面世界を知ることがある程度可能である。その言語的なやりとりを提示し，必要に応じて心理検査結果を援用して，面接者ないしは研究者がある程度整理することによって，その内面世界を浮き彫りにしてきたところが大であったといえよう。しかし，あくまでもその面接者ないしは研究者のフィルターを通してみた個人の内面世界らしきものというものを見ていたことになるといえよう。

　カウンセリングといった臨床活動は，いうまでもなく，まさに個別事例を対象とした活動である。それを事例研究たらしめるために，データに基づいて論理を積み重ねることが要求される。そのとき，カウンセリング場面にPAC分析が導入されることによって，その個人のイメージ構造をかなりの程度客観的に構造的に提示することができるだけでなく，それを活用することによってさまざまなメリットがあることが示されてきている。

　PAC分析は，その個人特有の内面世界を，その個人が自身感じ取っている構造で知覚的に示すことを可能にし，その個人の解釈に基づいた研究者の解釈を通して，場合によってはクラスター間の因果関係や上位－下位構造や機能などが明らかとなりうるのである。そこには，多くの人に共通するであろう一般法則が含まれることもあり，その個人特有の体験過程が浮き彫りになるということもある。まさに，その人らしさを感じ取ることができるのである。

　心理学を志す者にとって，直接的に被験者とかかわりながらその人から得られたデータの確かさを感じ取ることのできる側面は，研究者としては重要な側面である。実験的方法であれば，実験後の内省報告に立ち会うことによってその実験の独立変数のコントロールがある程度うまくいったかどうかを知ることができる。質問紙を用いた調査法では，場合によってはどんな思いで評定尺度にチェックしてくれたかわからない状態があり，未記入がなければデータとして使用可能ではある。しかし，質問の意味をよく考えてチェックしたものから適当にチェックしたものまで多岐にわたることを心していなければならない。

　そういう意味で，一般法則を導き出す研究と個人を深く理解しようとする研究は別々に存在していいのかもしれないが，一人の研究者がその両側面についての研究の方向性を併用してより深い人間理解がなされることを期待したい。PAC分析はそのための手法を与えてくれるのである。

② 本研究：PAC分析法を援用してカウンセリングに生かす
―― 井上（1998）

井上（1998）は，2事例の留学生の進路相談において"留学生活"を刺激語にしてPAC分析を実施している。

ケースの概略と
PAC分析の利用

1. ケースQ

東南アジア出身の男子学生Q（19歳）においては，"進路相談"をきっかけにして始まったカウンセリングであった。しかし，「Qの応答に何か表面的画一的な印象を感じ」た著者がPAC分析を実施し（図11-1），新たな展開が生まれている。すなわち，PAC分析を通して，主訴の背景に存在した家族関係の葛藤などを含む内面的な問題が浮き彫りにされ（自己開示促進機能・明確化機能），一方ではその問題に対する整理がなされた（自己理解促進機能）といえる。そして最終的には，主訴に対する自己決定を支援することに成功している。なお，それぞれのクラスターの説明については，原著を参照してほしい。

こうして，表面的な訴えとその背景に存在するより内面的な問題への有機的な洞察・解釈および自己決定を，カウンセラーとの対話を通して，来談者自身がうまく進めることができるように支援するための効果的な手段として活用されていることがわかる。

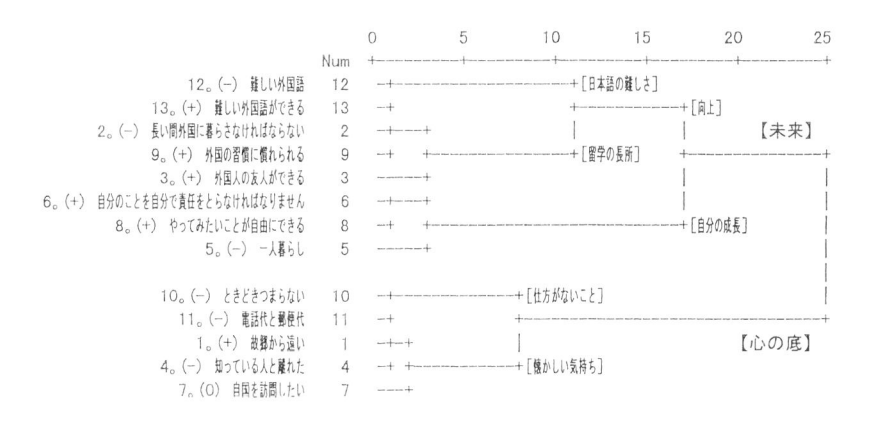

```
                                    0    5    10   15   20   25
                              Num  +----+----+----+----+----+
     12。(−) 難しい外国語        12  +---------------+[日本語の難しさ]
     13。(+) 難しい外国語ができる 13  +-+                 |  [向上]
  2。(−) 長い間外国に暮らさなければならない 2 +-+                          【未来】
     9。(+) 外国の習慣に慣れられる 9  +-+              +[留学の長所]
     3。(+) 外国人の友人ができる   3  +---+                |
 6。(+) 自分のことを自分で責任をとらなければなりません 6 +-+              |
     8。(+) やってみたいことが自由にできる 8 +-+         +[自分の成長]
     5。(−) 一人暮らし           5  +-+                 |
    10。(−) ときどきつまらない     10 +--------+[仕方がないこと]
    11。(−) 電話代と郵便代        11 +-+
     1。(+) 故郷から遠い           1  +-+          【心の底】
     4。(−) 知っている人と離れた    4  +-+     +[懐かしい気持ち]
     7。(0) 自国を訪問したい       7  +--+
```

●図11-1 事例Qにおける"留学生活"のイメージ（井上，1998）

2. ケースN

オセアニア出身の女子学生N（19歳）においては，カウンセリング初期に1回目のPAC分析を，2回目のPAC分析については，終結にあたって本人の変化を確認するために，それぞれ実施している。刺激語はともに"留学生活"のイメージである。

1回目のPAC分析（図11-2）は，"寮を出たい"という来談者の心理的問題のより正確な把握と関係者への説明のための道具として実施されている。PAC分析を通して，寮生活の問題が留学生活の困難の中心であることが本人に確認され（明確化機能），特にプライバシーをめぐっての文化差がカウンセラーとの間で共有され（共有知識的理解機能），かつ，信頼感を形成し（信頼感形成機能），PAC分析結果が寮関係者に対するコンサルテーションの資料として活用された（説明道具機能）こととなった。さらに，日本文化と自文化の相対化による自己への洞察が深まった（自己理解促進機能）といえる。

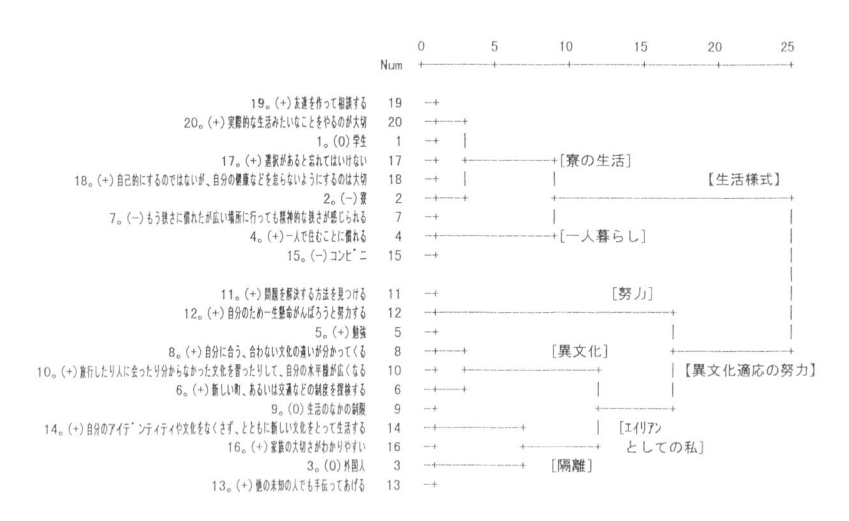

●図11-2 事例Nにおける1回目の"留学生活"のイメージ（井上，1998）

2回目のPAC分析（図11-3）では，寮からアパート生活への変化とカウンセリング過程を通して文化を超えた人間関係や自己成長と結びついた形でのポジティヴなイメージへの変容が明らかであり，PAC分析のカウンセリング効果に対する評価道具機能が確認されたと述べられている。なお，それぞれのクラス

③ **本研究法の評価**

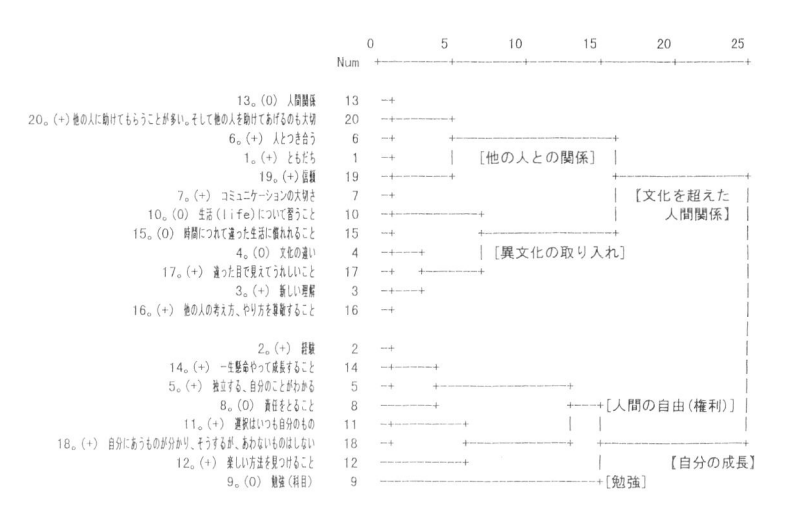

```
                                        0    5    10   15   20   25
                                   Num ├────┼────┼────┼────┼────┼────
     13。(0) 人間関係                13  ─┬
20。(+) 他の人に助けてもらうことが多い。そして他の人を助けてあげるのも大切  20  ─┼─┐
     6。(+) 人とつき合う              6  ─┤ │        ┌──[他の人との関係]
     1。(+) ともだち                  1  ─┤ ├────────┤
    19。(+) 信頼                    19  ─┘ │        │
     7。(+) コミュニケーションの大切さ    7  ───┤        │        ┌──[文化を超えた
    10。(0) 生活(life)について習うこと  10  ───┼────────┤        │    人間関係]
    15。(0) 期間につれて違った生活に慣れること 15  ─┤        ├────────┤
     4。(0) 文化の違い                4  ─┬─┤        │     [異文化の取り入れ]
    17。(+) 違った目で見えてうれしいこと  17  ─┘ │        │
     3。(+) 新しい理解                3  ───┤        │
    16。(+) 他の人の考え方、やり方を尊敬すること 16  ───┘        │
     2。(+) 経験                      2  ─┬                 │
    14。(+) 一生懸命やって成長すること   14  ─┤                 │
     5。(+) 独立する、自分のことがわかる   5  ─┼─┐              │
     8。(0) 責任をとること             8  ───┤              ├──[人間の自由(権利)]
    11。(+) 選択はいつも自分のもの       11  ───┼─┐            │
    18。(+) 自分にあうものが分かり、そうすれば、あわないものはしない 18  ───┘ │            │
    12。(+) 楽しい方法を見つけること     12  ─────┤            ├──[自分の成長]
     9。(0) 勉強(科目)                9  ─────┴────────────┤──[勉強]
```

◯図11-3 事例Nにおける2回目の"留学生活"のイメージ(井上,1998)

ターの説明については,原著を参照してほしい。

　こうして,PAC分析がカウンセリング場面への適用だけでなく,カウンセリング効果を評価するうえでも有用なアセスメントの道具であることが示された。

③ 本研究法の評価

事例研究への適用と発展

　これまで,内藤はPAC分析がさまざまな事例研究に適用可能であることを示してきた(たとえば,内藤,1993a;1993b;1994など)。そこでは,少数事例であっても,豊かな「個」へのアプローチが展開されている。事例研究の多くは,いわゆる物語形式の質的記述が中心となるが,そこにPAC分析を通して定量的データを提供することができるのである。さらに,そのようなデータの積み重ね,すなわち累積的事例研究は,理論モデル構築への道をも開くであろう。

　上述した井上(1998)は,PAC分析のカウンセリング導入の効果を,大きくは3機能に整理し,こまかくは11機能に分類している。すなわち,第一機能分野(直接的精神間機能分野)として,導入促進機能・自己開示促進機能・信頼感

形成機能・対話発展機能，第二機能分野（精神内機能分野）として，共有知識的理解機能・明確化機能・自己理解促進機能・カウンセラー気づき機能，そして第三機能分野（間接的精神間機能分野）として，記述記録機能・実務説明機能・評価査定機能である。事例研究において重要なのは，被験者の内面世界を，デンドログラムといったイメージ構造によって提示し，それを通して間主観的に読者に理解を得ることができる点である。

> 卒業研究での使用例
>
> 学生が卒業研究において PAC 分析を利用する場合について検討しよう。
>
> これまでの少ない経験から言えることは，たとえば特殊事例ないしは少数事例しかデータが得られそうにない場合には，質問紙などによって大量のデータを手に入れ，因子分析などの多変量解析を中心とした研究方法を採用するというわけにはいかない。そのような場合に PAC 分析

が使用可能である。ただし，後述の危険性などを考慮すると，学生としては，ポジティヴな行動変容などに焦点を当てたほうが無難であるといえる。

　テーマ例：自分のもつ価値体系と異なる価値体験との出会いを通しての個人の変容を検討する。
例 1．外国留学経験のある日本人を対象にその異文化体験による変容。
例 2．個人の特定の体験（合宿・実習・学習会など）の影響として個人の変容。
例 3．不登校体験をもつ者に対して，それをどのように自分の中で解決へ向かわせたのか，そのリソース探しの手段としても効果的。

　それらの個別データのある程度の蓄積は，モデル構築や多変量解析につながる質問紙作成に多くのヒントを与えてくれるであろう。

④ 読者のために——コーヒーブレイク——

PAC分析の実施にあたって

　さて，PAC分析のメリットや活用方法について述べてきたが，それはあくまでも道具であること，道具にはその使用の仕方があること，それを使いこなす側にもさまざまな制約があることを知る必要がある。

　内藤(1997)が述べているように，PAC分析は個人の内面を切れ味鋭くえぐり出してしまうために，被験者の内的葛藤や情緒的混乱を引き起こす可能性がある。その場合，あえてその明確化を誘導すべきではないということである。特に，被験者自身がその混乱に対処しうる能力をもたない場合にはその場に居あわせている調査者に対して何が起こるか予想しがたい。特に学生の立場としては，治療的関係にあるわけではなく，そのような事態において十分なサポートを提供することは困難である。筆者の体験でも自我同一性が拡散状態にあった学生から自殺願望の話がなされたこともあった。サポート能力を十分もっているとは言えない学生が，ネガティヴな内容についてのPAC分析を実施することは，その被験者に対しても自分自身にとっても危険であるといえる。

　そういう意味で，「内界深くに隠されていた否定しようのない現実に，無防備に直面・対決させる危険性があることを忘れてはならない（内藤，1997）」。だからこそ，実施にあたっては，途中で止めたいと思ったときにはいつでも中止することができるといったことを伝えて，十分なインフォームド・コンセントがなされた上での研究協力であることが，研究倫理的にも必要である。そうであったとしても，途中で断るのが悪いと感じて無理をしてしまう被験者がいないとも限らない。この人のデータはぜひほしいといった変な色気をもってしまうと，被験者に無理をさせてしまうことも起こりうるのである。被験者からの申し出がなくても，状況に応じて実験者側からの中止の提案が必要な場合もあることを心しておこう。「研究の実施は，心理学という科学ならびに人間の福祉に対する最善の貢献という点について個々の心理学者が熟慮した上で，決定されるものとする(アメリカ心理学会倫理綱領(1981年改定)第九綱領，小川，1995より引用)」などを参考にするとよい。

　そのほかにも，そのデータの利用についても卒業論文に掲載するとは言え，

個人が特定されることにならないような配慮など，プライバシーの保護が必要である。この点についても，前述の倫理綱領がガイドラインを示してくれている。

PAC 分析をより深く理解するために
　最も詳しいのは，次の本である。
- 内藤哲雄　1997　PAC 分析実施法入門―「個」を科学する新技法への招待―　ナカニシヤ出版

　より簡単にそれを理解するのには，次の文献が効果的かもしれない。
- 内藤哲雄　2001　PAC 分析と「個」へのアプローチ　山本　力・鶴田和美（編著）心理臨床家のための「事例研究」の進め方　北大路書房，Pp. 108-117.
- PAC 分析学会ホームページ　http://www.meijigakuin.ac.jp/~inoue/pac.htm

引用文献

Allport, G.W.　1935　Attitudes. In C.M.Murchison(Ed.), *Handbook of social psychology*. Clark Univ. Press. Pp. 798-844.

深田博己　1995　態度　小川一夫（監修）　[改訂新版] 社会心理学用語辞典　北大路書房，Pp. 230-231.

井上孝代　1998　カウンセリングにおける PAC（個人別態度構造）分析の効果　心理学研究，**69**，295-303.

内藤哲雄　1993a　個人別態度構造の分析について　信州大学人文学部人文科学論集，**27**，43-69.

内藤哲雄　1993b　学級風土の事例記述的クラスター分析　実験社会心理学研究，**33**，111-121.

内藤哲雄　1994　性の欲求と行動の個人別態度構造分析　実験社会心理学研究，**34**，129-140.

内藤哲雄　1997　PAC 分析実施法入門―「個」を科学する新技法への招待―　ナカニシヤ出版

内藤哲雄　2001 PAC 分析と「個」へのアプローチ　山本　力・鶴田和美（編著）　心理臨床家のための「事例研究」の進め方　北大路書房　Pp. 108-117.

吉森　護・浜名外喜男・市河淳章・高橋　超・田中宏二・藤原武弘・深田博己・吉田寿夫（編）　1995　アメリカ心理学会心理学者の倫理綱領（1981年改定）　小川一夫（監修）[改訂新版] 社会心理学用語辞典　北大路書房　Pp. 364-373.

コラム⑩ 臨床心理学への招待

　臨床心理学は心理学の中でもとりわけ新しい分野の1つである。臨床という名が示すように，精神医学と密接なかかわりをもち，その他の諸領域，たとえば社会学，社会福祉学，看護学，さらには哲学や文化人類学などとも無縁ではない。臨床心理学はこれら諸領域の成果をも踏まえながら，精神的な健康を維持したり促進させたりすること，社会的な適応に悩む人とかかわり援助していくこと，さらには予防的措置等を講ずることを目的としている。

　ある母親が次のような子どもの状態を心配し，相談にやってきた場合を考えてみよう。「Aは，学校へ行こうとするとおなかが痛くなったり，気持ちが悪くなったりする。身体的には何の異常も見つからない。行きたい，行かなければという気持ちはあるのに，どうしても行けない。そのうち，一日中部屋に引きもるようになり，時々自分はもうだめな人間だと激しく泣いたり，こうしたのは親のせいだと家族に激しくあたったりする」。

　心理的な問題を抱えていると思われるこのAさんにどのような援助ができるのだろうか。Aさんはいくつで，いつごろからこのような問題を呈しているのか，問題の深刻さはどの程度なのか，学校や家庭といったAさんを取り巻く環境はどうなのか，これまでの発達過程はどうであったかなど，多様な観点からその人の状態をその人の枠組みから少しでも理解しようとすることが求められる。そして，それをもとに，援助の方向が示唆されていく。また，援助の過程でAさんの抱えている心理的問題が違う角度から見えてくることもある。

　このように心理的問題を抱えている人々への援助を行なうためには，一つは対象理解，すなわち「その人をどう理解するか」ということのための理論が必要であり，「その人にどうアプローチするか」という援助の方法に関する理論が重要となる。臨床心理学の研究は大きくこの2つの側面を柱として，同時進行で行なわれているといえる。

　まず，対象を理解するための研究として，パーソナリティの形成，発達およびその障害に関する研究があげられる。たとえば対人恐怖症とはどういう状態を指していうのか，それはどのような問題から起きてくるのかなどについて検討が重ねられている。さらに，心理的な問題にかかわるさまざまな概念，たとえば，「自己受容」や「攻撃性」そのものについての研究も多くみられる。

　また，さまざまな心理テストの開発も対象理解のための一つの研究といえる。心理テストは，その人の抱えている心理的問題とその程度を把握し，治療・援助の方向性を探るために用いられる。知能や発達に関するテスト，パーソナリティに関するテストがあり，質問紙法および投影法を用いて作成されている。

　次に，援助の方法に関する研究について見てみよう。臨床心理学における心

（柴橋祐子）

第2部　論理展開のレッスン

コラム⑩

理的援助の方法には，理論により多様な心理療法やカウンセリング技法があり，それぞれのアプローチについて適用や効果を調べる研究が行なわれている。こうした援助技法は，実践を通して思索，工夫し，やがて洗練化され体系化されてきたもので，それらの効果や適応，さらには新たな援助のあり方を探る上で，事例研究（ケーススタディ）が重要な位置を占めている。また，単に効果を論じるためだけではなく，そうした個々のケースから示唆されることが臨床実践，援助に役立つことが多く，事例研究の重視は，臨床心理学においてもっとも際だっている。そこで，この事例研究法について最後に触れておく。事例研究は一例もしくは少数の事例をもとにその事例の具体的状況や個別性に焦点を当てながら，一方でその事例に関して得られた知見の普遍的意味を検討しようとする方法である。心理的援助のプロセスは，クライエント（来談者）とカウンセラーの相互作用であり，極端に言えば，ほとんど同じような症状を示すケースに対してほとんど同じアプローチをとっても誰と誰が出会ったのかによってそのプロセスがまったく異なるということが生じる。一つひとつのケースにおいて，相互作用に影響を与えた要因は何であったのかについて検討を重ね，さらに，心理的問題の発現に寄与した要因などについて明らかにしていこうとするのが事例研究法である。心理臨床に関する学会誌や著書にさまざまな事例が守秘義務を十分考慮した上で報告されているので，それらを一度読んでみてほしい。

　このように事例研究を重視する臨床心理学では，主観的な経験が優位性をもち，そこから意味と秩序をくみとることによって理論化が行なわれてきた。そのため，これまでのいわゆる「科学」とは異なったパラダイムにある。この点は臨床心理学のきわめて重要な特徴ではあるが主観と経験のみに流されるのではなく，誤った推論を含む可能性を認めつつ，厳密な実証性をたゆまず追求することが求められているといえよう。

　　〈推薦書１〉：倉光　修　1995　臨床心理学（現代心理学入門５）　岩波書店
　　〈推薦書２〉：コーチン，S.J.／村瀬孝雄（監訳）　1980　現代臨床心理学　弘文堂

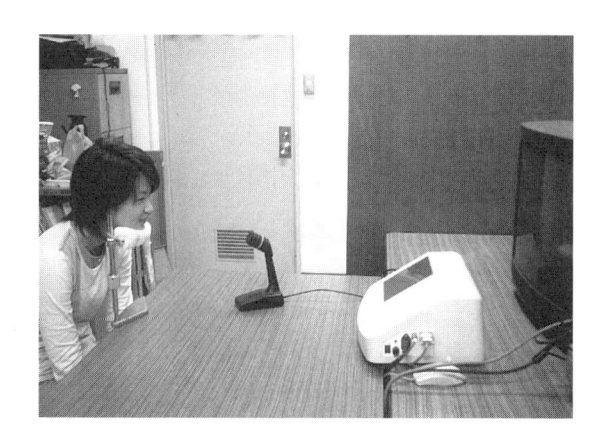

第3部 ミスを回避するためのレッスン

　心理学的なセンス，批判的思考は，心理学研究の必須条件である。これは初学者にはむずかしい思考法であるが，レッスンを積めばどんどん上達する。
　そこで，読者のレッスンのために，15本の研究例を用意した。それらは，主として，データ収集をめぐる落とし穴(12章)，データ処理をめぐる落とし穴（13章），データ報告をめぐる落とし穴（14章）である。思考のレッスン用としておかしな部分，不適切な手順を含めた，架空の研究例である。くり返し批判的に読んで，心理学的なパワーを育成してほしい。

12章 データ収集をめぐる落とし穴

　調査や実験を実施してデータ収集を行なう時に，よく見られるミスや勘違いを，例題として5つ出題した。まず，最初に例題のレジュメを読んで，どこが不適切であるか考えてみよう。その後，「教授からのコメント」を見て確かめてみよう。

1　例題1：3歳児をもつ母親の育児ストレス

　　　注：この例題は，研究法の論理的トレーニングのために創作した，まったくの仮想研究，仮想データであることに留意せよ。

目的　3歳児の母親がどの程度育児ストレスを感じているのか，またどの程度「自分の時間が取れない」と感じているのかを調査する。

方法　3歳の子どもをもつ母親を対象に質問紙調査を実施した。質問紙は2つの項目からなっており，どの程度育児ストレスを感じているか，どの程度自分の時間が取れないと感じているのかを4件法で質問した。質問紙の配布，回収については，以下の手続きで行なわれた。市の3歳健康診査に調査者が出向き，すべての参加者に質問紙と返信用封筒を配布した。参加者に調査の主旨を説明し，質問紙を家庭で記入してもらった上で，返信用封筒に入れて送り返してもらうよう依頼した。質問紙は合計で256部配布した。回収された質問紙は83部であり，その回収率は32.4％であった。

結果と考察　回収された質問紙の分析を行ない，「育児ストレスを感じますか」という質問に対する回答を図12-1に示した。「感じる」と回答した者が79％であり，「時々感じる」をあわせると，全体の91％の母親が育児ストレスを感じていることが明らかとなった。また「自分の時間が取れないと感じますか」に対する回答（図12-2）からは，育児ストレスを感じている母親も，「自分の時間が取れない」とはあまり感じていないことが示された。

① 例題 1：3歳児をもつ母親の育児ストレス

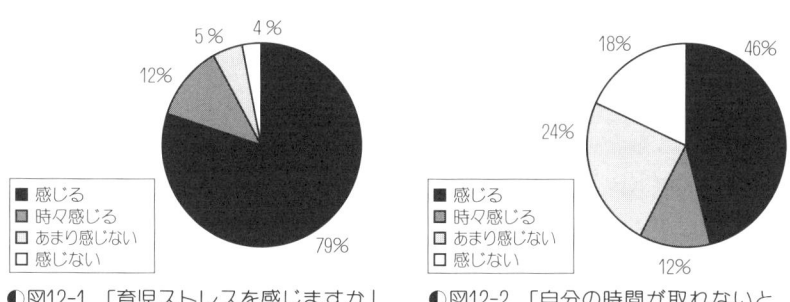

●図12-1 「育児ストレスを感じますか」への回答

●図12-2 「自分の時間が取れないと感じますか」への回答

【教授からのコメント】

　本研究の問題点として，研究で用いられたデータにかたよりがあるのではないかという懸念があげられる。

　郵送などの配布型調査においては，対象者リストの精度がまず重要である。たとえば10年前の住所録，といったものを用いることにはそもそも問題があり，「現状」に合った配布先の選択が重要である。今回の調査では，配布段階で，実際に3歳健康診査に出向いており，有効な対象に対しての配布がなされるよう考慮されている。しかしながらそれ以上に重要な問題として，データ回収の段階でフィルターがかかってしまっている可能性が高い。

　今回の調査の場合で言えば，育児ストレスを感じている人は，こうした問題への関心が高いので質問紙を返信するが，そうでない人は関心の低さゆえに質問紙の返信をしない可能性がある。一方でこうした質問紙に回答し返信すること自身が，自分のことをする時間が取れる人にのみ可能であることから，今回のデータは，育児ストレスを感じている方向，自分のことをする時間が取れる方向にかたよっていると予想される。実際，本研究における回収率は十分に高いとは見なせず，このためにデータのかたよりが生起していると懸念されても仕方がないだろう。

　街頭アンケートのような形でデータを集めるような場合でも，たとえば「あなたは人に頼まれると嫌といえない性格ですか？」といった質問に対してはどのような調査結果が得られると予想されるだろうか。道行く人を捕まえて，時間を割いてもらい回答してもらう街頭アンケートでは，こうしたアンケートに

答えてくれること自体が，その人が「人に頼まれると嫌といえない性格」であることを示している。つまりこの性格に該当しない人にとっては回答の機会が少なく，該当する人にとってはその機会が多いことになってしまう。

　以上のような懸念を排除するには，適切な調査協力者名簿を用いる，回答にかかる負担を軽減する，回答することにメリットを感じるような工夫をするなどして，回収率や回答率をあげることが重要である。

② 例題2：出生順位が幼児の協調的行動頻度に及ぼす影響

　　注：この例題は，研究法の論理的トレーニングのために創作した，まったくの仮想研究，仮想データであることに留意せよ。

目的　従来から「長子的性格」などといわれるように，出生順位によって性格が異なることが議論されている。それではそうした出生順位による性格の違いがもしあるならば，それは幼児の段階からすでに認められるのであろうか。本研究ではこうした性格特性の1つとして協調性を取り上げ，幼児が遊び場面で示す協調的行動の頻度が出生順位によって異なるか否かを検討する。

方法　88名の幼稚園児を観察の対象とした。これらの被験児は長子が30名（男16名，女14名），第二子が32名（男17名，女15名），第三子以降が26名（男12名，女14名）であった。幼稚園に出向き，各被験児に対して3分間ずつ，自由遊び場面の録画を行なった。いつどの被験児の録画を行なうかはランダムに決定された。実験者が1人でこれらのビデオを分析し，各被験児が3分間に示す協調的行動の頻度をカウントした。協調的行動とは「友だちと力を合わせる」「友だちといっしょに遊ぶ」「友だちといっしょに遊べるよう働きかける」などの行動と定義した。

結果と考察　出生順位ごとに協調的行動の頻度を示したのが図12-3である。協調的行動頻度を従属変数とし，出生順位（第一子，第二子，第三子以降）を独立変数とする一要因分散分析を行なったところ，出生順位の主効果は認められなかった（$F_{(2,85)} < 1, ns$）。以上の結果から，幼児が遊び場面で示す協調的行動の頻度は出生順位間で差異が認められないことが示された。

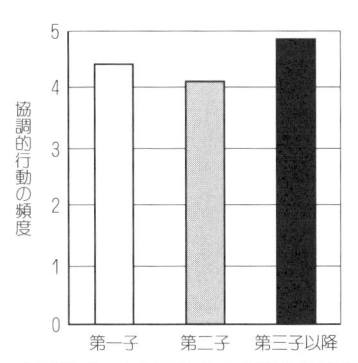

② 例題2：出生順位が幼児の協調的行動頻度に及ぼす影響

●図12-3　出生順位毎の協調的行動頻度

【教授からのコメント】

　それが心理的なものであるにしろそうでないにしろ，どのような測定にも誤差を伴わないものはあり得ない。そして測定に誤差が存在する限り，同じ対象をくり返し同じ方法で測定したつもりでも，同じ結果が得られるとは限らない。こうした誤差をいかに少なくし，安定した測定を行なうかが信頼性 (reliability) の問題である。言い換えれば，測定したいものをどのくらい正確に測定しているのかが信頼性の問題である。本研究では，観察に基づいて被験者の協調的行動をカウントしているが，どのような行動を「友だちといっしょに遊べるよう働きかける」行動であると見なすかなど，このカウントの信頼性には疑問が残る。一般的にこうした観察データの信頼性をチェックし，確保するためには，少なくとも2名の，できれば調査の目的を知らない第三者にカテゴリ評定を依頼することが望ましい。そしてその評定の一致率をもって，評定の信頼性とすることが多い。評定が不一致の場合には，評定者間で協議したり，第三の評定者を立てて，評定を決したりすることが必要となる。全体に評定の一致率が低い場合には行動カテゴリの定義や評定の基準について改めて吟味することが必要となる。以上が評定，すなわち観察結果の「意味づけ」あるいは「解釈」段階での信頼性の問題である。

　一方でそれ以前の段階，まさにデータ収集の段階でも，すでに誤差は混入している。一度の測定で「何度測定しても同じ結果になる」かどうかを判断することはむずかしい。データの量が少なければそれだけ測定の信頼性はあやうく

なる。そうした意味でも本研究のデータ収集方法は不十分であろう。それぞれの幼児に対して3分間の観察のみでは，その幼児の協調的行動を正確に測定できるかどうか疑問である。時間を増やしたり，複数回観察を行なったりするなどの方法によって，その信頼性を向上させることが可能となる。要因計画を用いた実験などにおいて，試行数を増やし，測定を何度もくり返し，その平均値や中央値を算出したりするのも，誤差をできる限り減らして信頼性の高い測定を行なおうとするための方策である。

③ 例題3：大学生の時間に対するルーズさと社会的志向性との関連

注：この例題は，研究法の論理的トレーニングのために創作した，まったくの仮想研究，仮想データであることに留意せよ。

目的 世の中には時間にルーズな人とそうでない人とがいる。時間にルーズな人は社会的関係の中で集団のために自己を犠牲にすることができにくい人なのではないだろうか。人はつねに自己利益の最大化を追求するわけではなく，集団のために自己を犠牲にすることもある。こうした個人が社会にかかわる態度として社会的指向性という概念が提唱されている。本研究ではこうした社会的志向性のタイプと時間に対するルーズさとの関連性を検討することを目的とする。

方法 64名の大学生（男性28名，女性36名）が個別に実験に参加した。心理学の講義中に行なったアンケートにおいて，実験に協力することを承認した被験者の自宅に電話をかけ，1時間以内に実験室に来るよう依頼した。承諾した被験者が1時間以内に到着するか否かに基づいて，時間に対するルーズさにおける被験者の分類を行なった。具体的には，電話から1時間以内に実験室に到着した被験者はルーズでない被験者，電話から1時間後以降に到着した被験者はルーズな被験者とされた。

次に被験者に質問紙調査を実施し，この結果により各被験者の社会的志向性が利他主義・協同・個人主義・競争の4つに分類された。実験の結果64名の被験者は表12-1に示すように分類された。

③ 例題3：大学生の時間に対するルーズさと社会的志向性との関連

●表12-1 時間に対するルーズさと社会的志向性のタイプ

	利他主義	協同	個人主義	競争
ルーズ	10	4	11	2
ルーズでない	5	12	11	9

結果と考察　カイ自乗検定を行なったところ時間に対するルーズさと社会的指向性のタイプは独立ではなく，関連していることが示された（$\chi^2_{(3)}=8.77$, $p < .05$）。

【教授からのコメント】

　本研究の問題点は「時間に対するルーズさ」（以下，ルーズさとする）の測定が妥当性（validity）を欠いている可能性にある。妥当性とは，現在行なっている測定が，測定したいものを本当にきちんと測定しているか否かの問題である。心理学において測定したい対象は，ルーズさ，のような抽象的な概念であることが多いので，この概念と理論的に関連していると思われる行動，現象を観察して概念の測定とすることになる。問題としている心理的概念と測定している（観察される）現象との間に対応をつけることが妥当性の問題となる。

　本研究ではルーズさを測定するのに，実験者が連絡してから被験者が実験室に現われるまでの時間を観察し，この時間のかかり具合をもってルーズさの尺度としている。もちろん時間にルーズな被験者は，約束の時間に遅れる傾向が高いかもしれないが，本研究で測定しているような遅れに影響する要因は，必ずしもルーズさだけではない。たとえば自宅からの距離によって，遅れの程度は影響を受けるだろう。またどの程度の時間がかかるかという見積もりが甘い，あるいは不正確であれば，時間に遅れたりあるいは着くのが早すぎたりすることも考えられる。

　こうした問題は，ルーズさという概念の定義が曖昧であることから派生していることが多い。「時間の見積もりが不正確である」ことと「ルーズであること」との関係が明確にならない限りは，「時間の見積もりが不正確である」ことまで含んでいる（と予想される）本研究における測定がルーズさの測定として妥当であるか否かの結論を下すことはできない。測定したい概念を明確に定義した

上で妥当性の吟味を行なうことが重要であると心得よ。

④ 例題4：大学生における楽観性と期限付き課題の遅れとの関連

注：この例題は，研究法の論理的トレーニングのために創作した，まったくの仮想研究，仮想データであることに留意せよ。

目的 待ち合わせや電車に乗るなど，我々の毎日の生活は時間的な期限が設定されることが多い。このような期限付き課題をこなしていく中では時として期限内に課題が遂行できない「遅れ現象（遅刻）」が生起する。こうした遅れ現象の生起頻度と楽観性との関係を検討する。

方法 大学生128名（男性49名，女性79名）を対象に質問紙調査を実施した。遅れ現象の生起頻度については，遅れが生起しそうな場面3場面（朝一限目の授業，デート，友人との待ち合わせ）を設定し，それぞれの場面での遅れの生起頻度について「まったく遅れない」から「非常によく遅れる」までの5段階で評定を求めた。

楽観性については，適切な質問紙が見あたらなかったため，表12-2に示す項目を筆者が自作し，それぞれ「まったく当てはまらない」から「非常によく当

●表12-2 楽観性を測定する質問項目

1 友達はみんな神経質だと思う。
2 自分には才能があふれていると思う。
3 人によく楽観的だと言われる。
4 自分は楽観的である。
5 くよくよ悩まない方である。
6 友達とけんかしても仲直りできる。
7 悪いことが起こっても何とかなると思う。
8 何が起きても何とかなると思う。
9 私の夢は叶うと思う。
10 幸せな老後が送れると思う。
11 天国へ行けると思う。
12 人にだまされる気がしない。
13 人に負ける気がしない。
14 人生，苦も楽もあるが，楽の方が多い。
15 自分の勤める会社が倒産するはずがない。

④ 例題4：大学生における楽観性と期限付き課題の遅れとの関連

てはまる」までの5段階で評定を求めた。これら15項目の評定の合計点を楽観性得点とした。

結果と考察　それぞれの場面での遅れ頻度と楽観性との関連をピアソンの相関係数によって吟味したところ，授業への遅れと楽観性との相関係数は $r = .512$ であり，楽観性が高いほど授業に遅れることが多いことが示された（$df = 126$, $p < .01$）。一方，デート，友人との待ち合わせへの遅れと楽観性の間の相関は認められなかった（それぞれ $r = .128, df = 126, ns$；$r = .032, df = 126, ns$）。

【教授からのコメント】

　こうした自作の質問紙を用いる場合には，例題2および例題3で解説した信頼性と妥当性の問題についてのチェックを行なうことが必須である。本研究ではこうしたチェックが行なわれず，単純に項目得点を合計して楽観性得点とされているために，測定自体の信頼性と妥当性，言い換えれば，研究そのものの信頼性と妥当性とが危ういものになってしまっている。

　信頼性については，概念的には真の得点と測定によって得られる得点との相関係数である信頼性係数によって吟味されることになる。しかしながら実際には真の得点は知りようがないため，同一被験者に，一定期間をおいて同一の測定を2回実施し，その測定値間の相関係数に基づいて吟味を行なう再検査法（test-retest method）や，一度に行なう測定を半分に分けることによって2つの測定と見なし，この間の相関係数に基づいて吟味を行なう折半法（split-half method）などの方法によって推定を行なうことになる。

　妥当性については，見かけ上の妥当性ともいえる表面的妥当性（face validity），専門家の判断に基づく内容的妥当性（content validity）などがあるが，既存のデータと理論的に想定される通りの関連性をもっているか否かによって判断される基準関連妥当性（criterion-related validity）や，測定しようとしている概念（たとえば本研究においては「楽観性」）をどの程度よく測定しているのかに基づく構成概念妥当性（construct validity）が特に重要であろう。そしてこうした妥当性の吟味には，測定したい概念である楽観性というものを明確に定義することが重要である。

　心理学を含めて科学的な結論付けに際して最も大きな問題となるのが「独断」

第3部　ミスを回避するためのレッスン

12章　データ収集をめぐる落とし穴

の混入である。質問項目などを自作した場合には，信頼性，妥当性という観点を核にして，独断に陥らないように留意すべきである。自作の質問項目が自分にとって，適切なものに見えるのは当然である。他者の目や客観的な基準（相関係数や項目分析の結果など）に基づく吟味が不可欠であると心得よ。

⑤　例題5：癒し系音楽の聴取が作業成績に及ぼす効果

注：この例題は，研究法の論理的トレーニングのために創作した，まったくの仮想研究，仮想データであることに留意せよ。

目的　最近，癒し系音楽とよばれる音楽が流行している。こうした音楽を聴取することには本当に効果があるのだろうか。本研究では，癒し系音楽の聴取が，作業の遂行成績に及ぼす効果を検討するために実験を行なった。

方法　(1)被験者：大学生30名（男性15名，女性15名）が実験に参加した。

(2)課題：制限時間を設け，折り紙で指示された対象（例：折り鶴，兜）を作成する課題が用いられた。30種類の対象が書かれたカードをシャッフルし，ランダムに一枚を選択して被験者に呈示した。被験者がその対象を折り紙で作成したら，再びカードをシャッフルし，次の対象が被験者に呈示された。この課題を以下折り紙課題とする。時間内にいくつの課題を完成させたかが課題遂行量とされた。

(3)手続き：実験は個別に行なわれた。被験者はまず聴取前課題として，10分間，折り紙課題の遂行を行なった。その後，作業を中断し，被験者は癒し系音楽（坂本龍一のＣＤ）を5分間ヘッドフォンで聴取した。5分経ったところで音楽の聴取を中止し，再び10分間の折り紙課題遂行を行なった。

結果と考察　聴取前の課題遂行成績と聴取後の課題遂行成績の平均を図12-4に示した。聴取前の遂行成績と聴取後の遂行成績との間に差異が

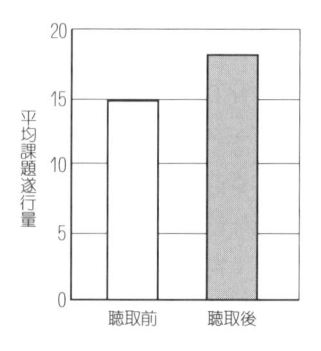

●図12-4　平均課題遂行量

認められるか否かを対応のある t 検定によって比較したところ，1％水準で有意な差が認められた（$t_{(28)}=5.12, p < .01$）。本研究の結果から，癒し系音楽の聴取は，折り紙課題の遂行成績を向上させることが示された。

【教授からのコメント】

　本研究では，癒し系音楽を聴取することが，作業成績を向上させると結論づけている。確かに聴取前の遂行成績と聴取後の遂行成績とを比較してみると，聴取後の遂行成績の方が高いように見受けられるし，統計的検定の結果を見ても，聴取後の遂行成績の方が高いといえる。しかしながら，この違いは本当に癒し系音楽の聴取によってもたらされたものと結論づけることができるだろうか。

　たとえば練習の効果はどうだろう。課題遂行に伴い，被験者は課題に慣れることが予想される。このように考えれば，被験者の遂行成績の向上は，癒し系音楽の聴取によるものではなく，単に折り紙課題をくり返し行なうことによる練習効果であったとも見なされる。あるいは5分間の休憩そのものが課題成績の向上に効果をもたらした休憩効果の可能性も考えられる。

　このような可能性を排除することができないのが本研究の弱点である。このような可能性を排除するためには，統制群あるいは統制条件とよばれる条件を設定することが必要である。すなわち，癒し系音楽の聴取を行なわないこと以外は，実験条件（癒し系音楽の聴取を行なう条件）と差がないような条件を設定し，この統制条件との比較を行なうことによって，実験として行なった操作（この場合は癒し系音楽の聴取）の影響を厳密に吟味することが可能となる。具体的には最初の作業を行ない，その後，実験条件で癒し系音楽の聴取を行なっている5分間を単に休憩するだけとし，その後でもう一度折り紙課題を遂行する統制条件を設ける必要がある。もし本研究で用いたパラダイムで，練習効果が認められるのであれば，この効果は統制群においても認められることになる。したがって統制群における遂行成績の変化と実験群における遂行成績の変化とを比較し，実験群での遂行成績の変化が，統制群でのそれを上回っていて初めて，癒し系音楽の聴取が効果をもっていたと結論づけることができる。実験の統制とは，考えられる他の可能性を排除することであると心得よ。

13章 データ処理をめぐる落とし穴

　調査や実験の実施後，引き続いてデータ処理をおこなう時に，よくみられるミスや勘違いを例題として5つ出題した。まず，最初に例題のレジュメを読んで，どこが不適切であるか考えてみよう。その後，「教授からのコメント」を見て確かめてみよう。

1　例題1：推薦入試合格者と一般入試合格者における入学後の成績の比較

注：この例題は，研究法の論理トレーニングのために創作した，まったくの仮想研究，仮想データであることに留意せよ。

目的　最近，大学入試の形態が多様化しているが，どのような入試を受けて入学したかによって入学後の学習成果が異なるかを検討する。ここでは，特に入試形態として推薦入試と一般入試による違いをとりあげて検討する。

方法　推薦入試によって入学した学生と一般入試によって入学した学生をそれぞれ50名選び，推薦入試群と一般入試群とした。そして，これらの人について大学1年生から3年生までの入学後の成績を調べた。入学後の成績は，個人によって受講科目数が異なるので，個人が受講した科目全体の平均点をその個人の入学後の成績とした。

結果　2つの群別に，50名の入学後の成績について平均値を算出した。その結果，推薦入試群は72.4点，一般入試群は76.6点であった。両群の違いを比較するために，両群の成績をグラフで表わしたら，図13-1のようであった。

　図13-1から，両群の入学後の成績はほとんど差がみられない。また，両群の平均値の差は4.2点であり，100点満点での4.2点程度の差なので，大きな違いがあるとは言えないであろう。したがって，推薦入試群と一般入試群では，入学後の成績に差がみられないといえる。

1　例題1：推薦入試合格者と一般入試合格者における入学後の成績の比較

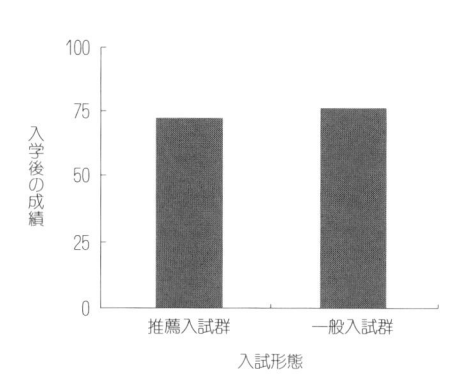

● 図13-1　両群における入学後の成績

【教授からのコメント】
　この研究のいちばんの問題点は，グラフだけから結果を読みとろうとしていることにある。グラフによる表現は，数値の並びをみて判断するよりも，一目でその傾向がわかりやすいという利点があるが，逆にあいまいさをもっていることに注意しておく必要がある。図13-1の場合，一見するとほとんど平坦に近く，両群にほとんど差がないように見えるが，グラフの目盛りの取り方を変えると，直感的な印象は大きく変わることがある。たとえば，縦軸の目盛りを最大77点で最小を70点としてプロットしてみると，図13-2のようになる。

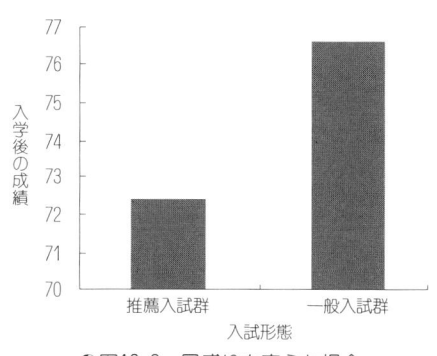

● 図13-2　目盛りを変えた場合

図13-1と異なり，図13-2のグラフからは両群間に大きな差があるような印象を受けるといえる。しかし，図13-2は，図13-1を拡大して表現したものにすぎないのである。グラフによって結果を表現する場合は，グラフの目盛りの取り方によって見た目の印象がかなり異なってしまうことに十分な注意を払う必要がある。そのため，グラフから受ける印象だけに基づいて結果についての判断を行なうことは危険である。

それでは，グラフでなく算出した数値（平均値）から結果を読みとるのはどうであろうか。この場合，両群には4.2の平均値の差があり，一般入試群の方が少し高い得点であるといえる。しかし，この4.2点の差は，差があるといえるほどに大きいのか，差はないと判断してよい程度に小さいのかが問題となる。グラフ表現と同様，この場合にも，人それぞれの印象や直感によって判断が異なることになってしまう。いずれの場合でも，統計的検定（平均値の差の検定）によって差があるか否かの判断を行なう必要がある。

② 例題2：他者の存在が作業に及ぼす効果

注：この例題は，研究法の論理トレーニングのために創作した，まったくの仮想研究，仮想データであることに留意せよ。

目的 他者がいる中で作業を行なう方が，単独で行なうよりも作業成績がよいという社会的促進の効果が報告されている。ここでは，作業を行なう際に他の人がいなくて単独で行なう場合と他者がいる中で作業を行なう場合を比較することによって，この効果がみられるかを検討する。

方法 ある会社の作業員のうち20名を選び，ふだんから慣れている作業を2つの条件のもとで1回ずつ行なってもらうことにした。単独条件では，各人はそれぞれ別の部屋において1人で作業を行なった。複数条件では，全員が同じ部屋において作業を行なった。実施の順序は，半数の者はまず単独条件を行なってから次に複数条件を行ない，残る半数の者はこれとは逆の順序で作業を行なった。

② 例題２：他者の存在が作業に及ぼす効果

結果 両条件での平均と標準偏差を算出した結果，単独条件では平均25.6，標準偏差が5.96であり，複数条件では平均が29.5，標準偏差が6.10であった。両条件での作業量の平均を図13-3に示しておいた。

両条件の平均に差があるかの検定を行なうため，「独立２群の平均値の検定」を適用して検定した結果，両条件には有意な差はなかった（$t_{(38)}=1.992, ns$）。したがって，単独で作業を行なう場合と他者が存在する中で作業を行なう場合，両群の平均値には有意差がなく，社会的促進の効果はみられなかった。

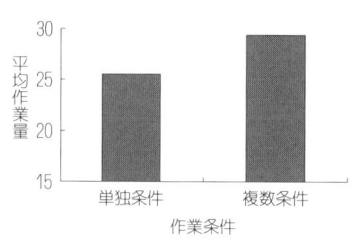

● 図13-3　両条件での作業量の平均

【教授からのコメント】

　この研究のいちばんの問題は，まちがった検定を行なっていることにある。一般に，データが量的データの場合，２つの条件間に差があるかをみるためには，平均値の差の検定（t検定）が行なわれる。この研究では，単独条件と複数条件の平均値の差を検定することが該当する。そこで，この研究では「独立２群の平均値の検定」を適用しているが，この検定は適切ではない。２つの平均値の差に関する検定には，基本的に二種類のパターンがあり，これらを適切に使用する必要がある。その１つは独立な（対応のない）平均の差の検定であり，これはある条件と別な条件での被験者が異なる場合である。この研究でいうと，単独条件に20名，複数条件に別の20名がそれぞれランダムに配置された場合が該当する。つまり，全体で40名の被験者がおり，それをランダムに二条件に配置した場合である。もう１つのパターンは，20名の被験者がそれぞれ２つの条件を受けた場合であり，独立でない（対応のある）平均の差の検定とよばれる。

この場合は，被験者は全体でも20名である。この研究は，実際にはこのパターンに該当するものである。したがって，こちらの検定を使用する必要があり，独立な平均の差の検定を適用したのは誤りである。

これら2つの検定パターンは，検定の自由度からも区別できる。この研究での検定結果をみると，t値が1.992で自由度（df）が38と記されている。このことから，独立なケースでのt検定を行なっており，その場合の自由度であることがわかる。独立なケースの自由度は，両条件の被験者数をそれぞれn_1, n_2とすると(n_1+n_2-2)であり，この研究の場合では$(20+20-2)=38$になる。他方，独立でないケースでの自由度は，被験者数をnとすると$(n-1)$であり，この研究が独立でないケースを適切に使用していれば，t検定の自由度は$(20-1)$で19になるはずである。

また，検定自体の問題ではないが，独立でないケースの実験等を計画する場合には，実施順序に注意する必要がある。この研究のように，半数ずつ実施順序を変えるなどの措置が必要であり，全員がすべて単独条件を最初に受け，次に複数条件を受ける（またはこの逆の順序）場合には，何らかの効果（慣れや疲労による抑制効果，練習による促進効果）が混入する可能性があるので避ける必要がある。

③ 例題3：騒音の大きさが作業量に及ぼす影響

注：この例題は，研究法の論理トレーニングのために創作した，まったくの仮想研究，仮想データであることに留意せよ。

目的 何かの課題や作業を行なうとき，騒音があることによって，課題の遂行が妨害され，課題の遂行成績が低下すると考えられる。そこで，ある作業を行なう際の騒音の程度を3つ設定し，それによって作業成績が異なるかを検討する。

方法 大学生36名を以下の3つの条件にそれぞれ12名ずつランダムに配分した。騒音の程度は，「騒音なし」，「ふつう」，「やかましい」の3つの条件を設定した。騒音は，大きさが異なる人の話し声を用意し，あらかじめこれらの被験

③ 例題3：騒音の大きさが作業量に及ぼす影響

者に対して実施した予備調査によって，やかましいと判断された騒音をやかましい条件，特に気にならない騒音をふつう条件とし，騒音を聞かないのを騒音なし条件とした。

結果　3つの条件での作業量の平均値は図13-4に示した通りであった。

各条件での平均値と標準偏差は，「騒音なし」条件で11.6と2.66，「ふつう」条件で17.3と2.28，「やかましい」条件で6.8と2.91であった。各条件間で平均の差の検定を行なった結果，「騒音なし」と「ふつう」間（$t_{(22)}=-5.37, p< .05$），「騒音なし」と「やかましい」間（$t_{(22)}=4.00, p< .05$），「ふつう」と「やかましい」間（$t_{(22)}=9.35, p< .05$）でいずれも有意な差がみられた。したがって，各騒音の程度によって作業量にすべて差があり，「ふつう」条件でもっとも作業量が高いといえる。

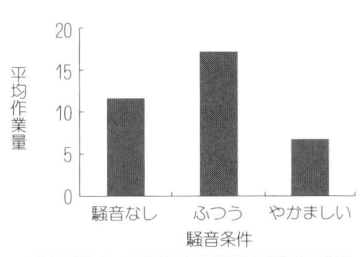

●図13-4　騒音条件別の平均作業量

【教授からのコメント】

　この研究の問題は，三条件あるので分散分析を用いるべきところを，個々の条件対ごとに t 検定を行なっているところに問題がある。一般に，量的データでいくつかの条件間の差をみたい場合には平均の差の検定を行なうことが多いが，平均の差の検定といってもいくつかのパターンがあり，これらを適切に識別して適用することが大切である。

　平均の差に関する検定のうち，2つの条件間での平均の差を検定する場合は，t 検定による。この場合，例題2で述べたように2つの条件とも各被験者が受けるケース（独立でないケース）と，2つの条件それぞれに別の被験者が配分さ

れているケース（独立なケース）があることも留意する必要がある。いずれの場合にも，t 検定は，あくまでも条件が2つであることを前提とする検定方式となっていることに注意しなければならない。実際，この研究のように，三条件以上ある場合に各条件の対ごとに有意水準5％の t 検定を行なったとしても，実際には5％よりも大きい有意水準（ゆるい水準）で検定してしまっていることが知られている。

そのため，条件が3つ以上ある場合で平均の差の検定を行ないたい場合は，t 検定ではなく分散分析を用いる必要がある。むろん，条件が2つある場合にも分散分析を適用してもかまわないし，実際には2つの条件での t 検定と同じ結果が得られる。

一般的にいうと，分散分析は2つ以上ある平均値がすべて等しいかを検定するものである。分散分析で条件が3つ以上ある場合に有意差が検出されたときには，次のステップとして2つの条件対ごとに多重比較を行なって，どの条件間に差があるのかを検定することが多い。

この研究でいうと，まず分散分析を行ない，3つの条件間の平均値に有意差がある場合には，「騒音なし」と「ふつう」，「騒音なし」と「やかましい」，「ふつう」と「やかましい」の各条件の組み合わせについて多重比較を行なえばよい。また，分散分析の場合にも，t 検定と同様に独立なケースでの分散分析と独立でない（対応のある）ケースでの分散分析があることに留意しておくことも大切である。なお，これらは分散分析のうちでも「一要因分散分析」とよばれているものである。この研究の場合，「騒音」が要因に該当する。また，各条件は「騒音なし」水準，「ふつう」水準，などのように，水準という表現で扱われている。

④ 例題4：異なる教授法による小学校6年算数の学業成績の比較

注：この例題は，研究法の論理トレーニングのために創作した，まったくの仮想研究，仮想データであることに留意せよ。

目的 多くの授業で行なわれている教授法である一斉授業に対して，個々の児

④ 例題4：異なる教授法による小学校6年算数の学業成績の比較

童を重視するとされる別な教授法Xが提唱されている。そこで，両教授法によって学習の効果がどのように異なるのかを調べることにした。

方法 学力がほぼ等しい2つの小学6年生のグループ（それぞれ30名）を対象とした。算数のある単元の授業（全部で5回の授業）について，一方の群には一斉授業を実施し，もう一方の群には教授法Xを実施した。また，いずれの群とも，両方の教授法についてベテランである1人の教師が実際の授業を担当した。学習成果は，5回の授業が終了した2日後に実施した学力確認テスト（100点満点）によって比較した。

結果 2つの教授法の効果を比較するために，両群での確認テストの平均得点を算出したところ，A群は62点で，B群は64点であった（図13-5参照）。

独立な2つの平均についての検定の結果，両群には有意な差がみられなかった。この結果から，2つの教授法は学習成果の点ではほとんど違いがみられず，いずれの教授法によっても，子どもに及ぼす学習効果は変わりがないと考えられる。

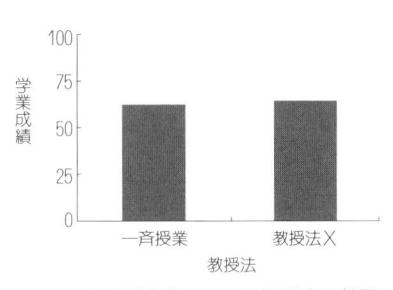

● 図13-5　二つの教授法の効果

【教授からのコメント】

この研究は，統計的検定を行なっており基本的に大きな問題はないが，学習効果を平均値だけでみているという点では検討不足といえる。

平均値は，ある集団の特徴の1つとして中心的傾向（真ん中）がどのくらいであるかを示す統計的特性値である。この研究でいうと，2つの群での得点の中心となる位置（得点）を示すものである。しかし，ある集団の特徴を知るた

めの数的指標は，この中心的位置だけではないことに注意しておく必要がある。たとえば，得点の個人差はどのくらい大きいかという点も，集団のようすを知るうえで大切な特徴といえる。個人間の得点のバラツキ具合をみる特性値としては標準偏差が用いられ，平均値といっしょに表記されることが多い。

　例として標準偏差を算出した結果，一斉授業で10点，教授法Xで5点であったとしよう。ある公式（チェビシェフの不等式）によると，一斉授業の場合は平均62点の上下20点（標準偏差2つ分を上下した値），つまり42点から82点に入る者の割合は最低でも75％（30人のうち約23人）いることになる。他方，教授法Xでは，平均64点の上下10点（標準偏差2つ分を上下した値），つまり54点から74点に入る者が少なくとも75％（30人のうち約23人）いることになる。さらに，平均64点の上下15点（標準偏差3つ分を上下した値），つまり49点から79点に入る者は少なくとも約89％（30人のうちの27人程度）いることになる。一斉授業では42点から82点の間に約23人いるのに対して，教授法Xではそれより狭い範囲の49点から79点にほとんどといえる27人がいることになる。

　このことから，2つの集団の中心的位置（平均値で示される特徴）は同じであっても，得点のバラツキの程度（この例では生徒間の個人差の程度，標準偏差で示される特徴）はかなり異なっていることがわかるのである。この研究での2つの教授法の効果を考える場合に当てはめると，全体としての学習効果の程度にはほとんど差がないが，教授法Xに比べて一斉授業の方が学習効果の高い者と低い者の差が大きくなる教授法であるといえる。

　一般に，集団のデータを要約するための統計的特性値のうち，真ん中がどのくらいであるかを意味する中心的傾向は代表値とよばれており，平均値はその典型例である。また，散らばりの程度を示す指標は散布度とよばれ，標準偏差はその中でも最もよく用いられ，平均値とともに報告するのが基本である。

5 例題5：授業内容の難易度と受講大学生の興味・関心との関係

注：この例題は，研究法の論理トレーニングのために創作した，まったくの仮想研究，仮想データであることに留意せよ。

目的 最近，大学の授業中での私語が問題となっている。これにはさまざまな原因が考えられるが，その1つの理由として授業内容が専門的でむずかしいのではないかと考えられる。ある知識を教えようとする場合，その内容がむずかしすぎると，生徒や聞き手の興味・関心が起こらず退屈なものとなってしまう。そのため，結果的に私語が多くなるのではないだろうか。逆に，授業内容をもっとやさしくすれば，学生の興味・関心が起こり，私語も少なくなると考えられる。そこで，内容の難易度と授業内容への興味・関心の程度がどのように関係しているかを調べることにした。

方法 一年間を通して行なわれる大学の心理学の授業場面で調べることにした。この授業の受講生は約100名であるが，実際に授業に出ていた者は平均で70名程度であった。用いた内容は，心理学で講義される毎回のテーマから20個を選んだ。これらのテーマの難易度は，今年と同様な内容であった一年前の講義の際にむずかしさの程度を10段階で評定してもらった結果を用いることにした。また，内容への関心の程度の指標としては，授業中での私語の多さを10段階に分けて記録し，私語が少ないほど興味・関心が高く，私語が多いほど興味・関心が低いとした。

結果 20のテーマについて，私語の程度とその内容の難易度を調べた結果，表13-1の通りであった。

ピアソンの積率相関係数を算出した結果，$r = .09$で両者の相関は非常に低いものであった。したがって，内容の難易度と私語の程度はあまり関連しておらず，内容がやさしいからといって興味・関心が高くなることはないし，逆に内容がむずかしいからといって興味・関心が低くなるという傾向はない。

● 表13-1　内容の難易度と私語の程度

難易度	3	6	1	10	9	6	2	5	2	7	8	3	6	9	2	4	7	4	5
私語	6	5	9	9	8	2	7	7	3	8	6	6	7	4	9	6	5	5	4	4

【教授からのコメント】

　私語の程度と内容の難易度の関係をみるために，相関係数（ピアソンの積率相関係数，r）を算出していることには問題はないが，相関係数についてより慎重な判断を要することをあえて指摘するためにこの例題をあげてみた。

　一般に，量的データの場合，2つの変数間での関連の強さをみる数的指標として相関係数 r が用いられる。しかし，相関係数 r は，あくまでも2つの変数間の直線的な関係の程度（数値の大きさ）と関係の方向（正か負か）を表現するにすぎないのであり，たとえ曲線的な関係があっても r の値にはそれが十分に反映されないことに留意すべきである。

　たとえば，この調査のデータを散布図に表現してみたのが図13-6である。

　この散布図をみると，あきらかにU字型のパターンがあることがわかる。この散布図から判断すると，内容がやさしい場合とむずかしい場合に私語が多く，その中間である中くらいの難易度の場合には私語が少なくなっていることがわかる。この場合のように，一方的に他方が大きくなったり，小さくなったりするのではなく，ある程度までいくとまた逆の方向に向うという曲線的パターンもありえるし，これも両者の関係のようすを示す大切な情報なのである。相関係数 r は，このような曲線関係を必ずしも反映しないので，相関係数を算出す

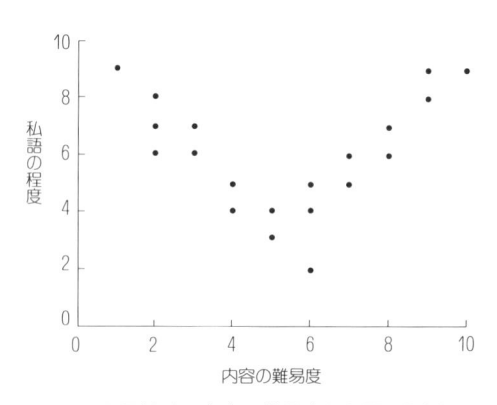

●図13-6　内容の難易度と私語の関係

⑤ 例題5：授業内容の難易度と受講大学生の興味・関心との関係

る場合，同時に散布図も描いてそのようすをみることが大切である。

14章 データ報告をめぐる落とし穴

　調査や実験を実施してデータ報告を行なう時に，よく見られるミスや勘違いを，例題として5つ出題した。まず，最初に例題のレジュメを読んで，どこが不適切であるか考えてみよう。その後，「教授からのコメント」を見て確かめてみよう。

1　例題1：予備調査－小学生低学年児童のイザコザ解決方略の1つにみられる性差

注：この例題は，研究法の論理的トレーニングのために創作した，まったくの仮想研究，仮想データであることに留意せよ。

目的　幼児や小学生低学年児童は，仲間との遊びを通じて社会的行動を身につけていく。このことはよく知られている。しかし，そのような社会的行動の1つとしてのイザコザ場面については，その解消法，解決方略に関する研究はあまり報告されていない。これには，ウヤムヤに終わったり泣いたりといった，いろいろな対処行動があるのだろう。筆者は，ある小学校での行動観察の結果，異性の児童間では，担任の前で「ごめんなさい」「いいよ」といった公式的な謝罪と寛容による解決行動が図られる一方，同性間では担任不在場面の子どもどうしによる解決やウヤムヤな解消がみられることに気づいた。本研究の目的は，イザコザ場面の対処行動として，観察行動の信頼性と妥当性が確かなケース，すなわち担任の立ち会いによる「公式的謝罪－寛容」のイザコザ解消法を取りあげる。そして，同性間，異性間による差がみられるかどうかを事前観察することによって，卒業論文の予備調査とする。

方法　(1)調査対象者：市内A小学校B組とC組児童28名（男児13名，女児15名）。

　(2)調査時期：○年△月▽日～□日の午前中である。

　(3)手続き：学校内で事象見本法による観察を用いた(詳細は略)。なお，観察

① **例題 1：予備調査-小学生低学年児童のイザコザ解決方略の1つにみられる性差**

の信頼性と妥当性は先行の類似研究により確保されている。

結果と考察　「公式的謝罪－寛容」方略によるイザコザの解消件数は全部で126件で，内訳は同性間が38件（30.16％），異性間が88件（69.84％）であった。

考察であるが，この方略によるイザコザの解消件数は，明らかに同性間よりも異性間の方が多く観察された。観察件数が少なく，また同一児童による重複分があるので統計的検定はしなかったが，予備観察のような傾向は今回の調査で認められたと考えたい。卒業論文では，イザコザ解決行動の方略をさらに詳細に査定するためのチェックリストを作成して統計的な分析を行ないたい。その際の糸口は，担任がなぜ間に入って「公式的謝罪－寛容」の方略を用いるのかということである。おそらく，担任は，子どもを自由に遊ばせているが，重大な危険が身体に及ぶときだけ介入しているためではなかろうか。担任へのインタビューも含めて，この点も追求していきたい。

【教授からのコメント】

「公式的謝罪－寛容」方略によるイザコザの解消件数を同性ペアと異性ペア間で直接に対比しているが，むしろ，全イザコザ件数がどれぐらいあったのか調べて，それぞれの中で「公式的謝罪－寛容」方略の比率を求めて，それを比べることが望ましい。再度，カウントして作表したのが表14-1である。

そのようにして，表14-1の右端の解消百分率について着目すると，さきほどの結論とは違って，同性間の方が74.51％と高くなる。

もちろん，研究の目的が担任による危機管理行動，介入行動の研究ならば，解消の行動件数そのものも重要である。その場合には，もっと質的な分析も含めた方がよいだろう。

●表14-1　イザコザ解消行動としての「公式的謝罪－寛容」方略の性差

ペア	「公式的謝罪－寛容」方略による解消件数	全イザコザ件数	解消百分率（％）
同性間	38	51	74.51(38/51)
異性間	88	217	40.55(88/217)
合計	126	268	47.01(126/268)

2 例題2：病院患者の自己開示性行動とソーシャル・サポート源の関係

注：この例題は，研究法の論理的トレーニングのために創作した，まったくの仮想研究，仮想データであることに留意せよ。

目的　ストレスの多くは人間関係から発するといわれるが，心理的支援を受けて癒されるのもまた人間関係のもたらす彩（あや）である。特に，病気の入院患者は孤独と不安をかかえやすいので，自己を開示する相手を見つけソーシャル・サポートを受けることにより，回復意欲を高めようとするのではなかろうか。本研究では，患者の自己開示傾向とソーシャル・サポート源としての友人，知人数との間に相関的な関係があるかどうかを調査的に検討する。

方法　ある病院の入院患者138名に調査協力を求めた。このうち60歳以上を高齢者群（n=58），24歳以下の者を若年者群（n=18）とした。インタビューによって，1）自己開示性尺度の質問紙調査，2）自分の病気のことについて話題にできそうな知人，友人，家族（ソーシャル・サポート源）の数についてたずねた。サポート源の調査の信頼性については，再調査法により確認されている。自己開示性尺度は，この領域でよく使われているものの1つである。

結果　得点分布を確認した後，自己開示性得点とソーシャル・サポート源の人数との間でピアソンの相関係数を算出した。その結果，高齢者群においても，若者群においても，統計的に有意な相関は見いだされなかった。

　高齢者群と若者群の間で，自己開示性得点の平均値の比較を行なうために独立2群の t 検定にかけたところ，有意差が見られた（若者群 $M=28.43$, 高齢者群 $M=21.98$, $p<0.01$）。サポート数にも有意差が見られた（若者群 $M=8.73$, 高齢者群 $M=4.26$, $p<0.01$）。したがって，若者群の方が高齢者群よりも他者に対する自己開示性行動が高いと認知しており，またサポート数も多いと報告していたが，両群ともに，この変数間には有意な相関的関係は見られなかった。

考察　若者は積極的な高い自己開示傾向を示し，サポート源も多かったのであるが，その実態はというと，携帯電話を使いこなしクルマを利用するなどによって広く活動し，その時の気持ちに応じたサポート源を選択的に使い分けしているのかもしれない。他方，高齢者は，身体的な老化が進み，そのような点に

② 例題2：病院患者の自己開示性行動とソーシャル・サポート源の関係

ついては苦手なので，むしろサポート源を増やすよりも，話の内容を深く豊かにしていく傾向があるのかもしれない。今後は，サポート源との話の内容を検討していきたい。

【教授からのコメント】

　群差の比較から推測するとデータは，図14-1のような分布になっているかもしれない。もしそうなら若者群，高齢者群，別々にピアソンの相関係数を算出しただけでは不十分である。まず，グラフ化してみることが必要であった。もし，図14-1のようなら，若者群と高齢者群を合併して計算を行なうと有意な正の相関値が見いだされるかもしれない。

　もう1つ，12章の例題12-3，例題12-4と同様，ここでは若者群，高齢者群を構成した基準，定義の意味も十分に押さえておくことが必要となるだろう。つまり，合併データでは有意であるが若者群と高齢者群について何をもって区別するのかが研究目的上で重要になるからである。

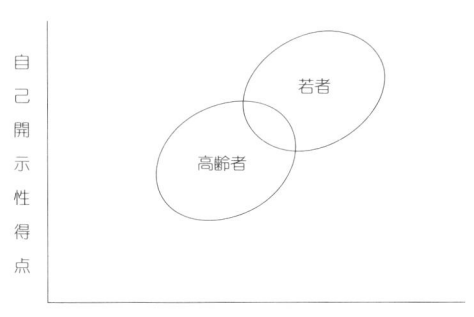

◉図14-1　自己開示性得点－サポート源の数の間のピアソンの相関係数

3 例題3：心理カウンセラーの専門的成長と向上訓練経験に関する相関的研究

注：この例題は，研究法の論理的トレーニングのために創作した，まったくの仮想研究，仮想データであることに留意せよ。

目的　優れた心理カウンセラーとして成長していくためには，カウンセリング研修や向上訓練などが重要な決め手の1つになる。しかしながら，意外なことに，このことを実証したわが国の研究はあまり見られない。本研究の目的は，心理カウンセラーの専門的成長が向上訓練の研修回数との間に相関的な関係を有するかどうかを調査的方法によって明らかにすることにある。

方法　143名の心理カウンセラーに対して面接をおこない，10件法で専門性に関する評定を行なった。同時に，研修記録に基づいて公的な研修の回数を調べた。先行研究により，専門性評定の信頼性・妥当性は充たされている。

結果　得点分布を確認した後，心理カウンセラーの専門性に関する評定値を縦軸に，向上訓練のための研修回数を横軸に図示したのが図14-2である。

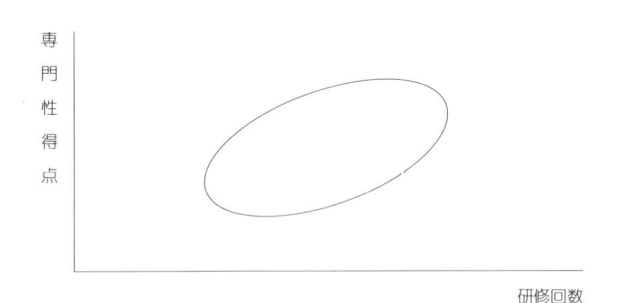

◑ 図14-2　心理カウンセラーの専門性得点－研修回数間のピアソンの相関係数

2つの変数間について算出したピアソンの相関係数は1％水準で統計的に有意となった（$r=0.47$）。

考察　心理カウンセラーの専門性の高さと向上訓練の研修回数の多さの間には有意な正の相関的関係が見られたという知見から，専門性得点の低い人は研修回数

が少なく，専門性得点の高い人は研修回数が多いことが確認された。

考察であるが，示唆されることとして，今後，研修回数を増やしていくことが心理カウンセラーの力量形成に密接にかかわる方途になると考えられる。

【教授からのコメント】

現実的には，学会レベルの公的研修の機会はそれほど多くはないのが通例である。だから，短期にたくさん受講・参加しようとしても，そもそも受け皿が少ない。ということは，カウンセラー歴が長いほど，つまりある程度年齢が高くなるほど，累積した研修出席回数は多いだろう。もしも仮に現職の心理カウンセラーが毎年のすべての研修に参加していたら，自己向上の反映として想定していた研修回数が実際には暦年齢の反映にすぎないかもしれない。このような場合，第3の変数による疑似相関の可能性があるという。

ここでの第3の変数とは，心理カウンセラーの専門性得点，向上訓練の研修回数という2つの変数以外の，隠れた第3番目の変数，つまり年齢変数という意味である。

第3の変数を発見するノウハウは確立されておらず，かなりむずかしい。しかし，まずは，年齢，年収，地域性，社会経済的地位（SES）などのような人口統計学的な変数がかかわっている可能性を疑ってみることである。また，あらかじめ，できるだけ多くの変数間の相関係数を算出してみることも有効かもしれない。おそらくは，いきなり2つの変数だけを取り出して結論づけをするよりも，はるかに注意深く研究を進めることができるだろう。

④ 例題4：大学生の学習意欲とカウンセリングの応答技法修得との相関的研究

注：この例題は，研究法の論理的トレーニングのために創作した，まったくの仮想研究，仮想データであることに留意せよ。

目的 ある大学心理学科の「カウンセリング演習1」（3年次）は，応答技法の修得が中心であり，基礎知識と積極的な学習意欲とが必要とされる。そのため，受講前提条件として，「カウンセリング心理学入門」（1年次）の単位取得を課

している。実際，授業中に調査した学習意欲度（質問紙法による）と最終成績との間のピアソンの相関係数も有意な正値であった（n=72, p<0.01）。また，単位認定者群（n=45）と受講放棄・認定不可受講生群（n=27）の間を独立2群の t 検定にかけると，前者の方が有意な平均学習意欲得点を示した（p<0.05）。

本研究の目的は，「カウンセリング演習1」の成績と学習意欲得点の間にも有意な正の相関関係がみられるかどうかを調査することにある。

方法 半期15回の「カウンセリング演習1」第3講と第13講の授業中に，受講生に対して質問紙法による学習意欲得点を求めた。成績に関しては，その最終成績を用いた。

結果 第1回目調査（第3講で実施）および第2回目調査（第13講で実施）それぞれについて，得点分布を確認の後，この「カウンセリング演習1」の最終成績との間でピアソンの相関係数を算出した。結果は表14-2に示すように，いずれも統計的に有意な正の相関関係は得られなかった。

●表14-2 学習意欲得点－最終成績間のピアソンの相関係数

第1回目調査	0.192
第2回目調査	0.100

n=45

考察 「カウンセリング心理学入門」は講義科目であるので，授業出席や参加意欲にバラツキがある。それに対し，「カウンセリング演習1」は演習科目であるから，出席イコール積極的参加という面もある。これが相関関係が見出されなかった理由かもしれない。また，サンプル数が少なかったこともあるだろう。今後は，受講生の多い他の演習科目について調査をしてみたい。

【教授からのコメント】

講義科目は出欠の自由度が高いので学習意欲が反映しやすいというような考察を遠回しに試みているが，それには出欠状況と成績の正の相関関係を示すデータがほしい。出欠状況のデータを借りれば計算は可能である。

ここでは選抜効果の可能性を指摘しておきたい。図14-3には，縦軸に学習意

5 例題5：メディアへの接触行動が小学生の攻撃的行動に及ぼす影響

欲得点を，横軸に「カウンセリング心理学入門」の成績を示した。

楕円のなかで，受講生と書かれている部分が，今回の「カウンセリング演習1」の45名の部分である。楕円の左の「未履修者」が「カウンセリング演習1」を受講することが許されなかった人たち27名である。つまり，統計処理は，図14-3の楕円の右側部分だけのデータでなされている。もし今回受講しなかった楕円左側の未履修者が「カウンセリング演習1」を受講したならば，有意な正の相関値が得られるかもしれない。このようにある選抜を経たデータのみの統計処理の影響がみられる時，これを選抜効果という。今回の分析には，選抜効果が働いた可能性があるだろう。

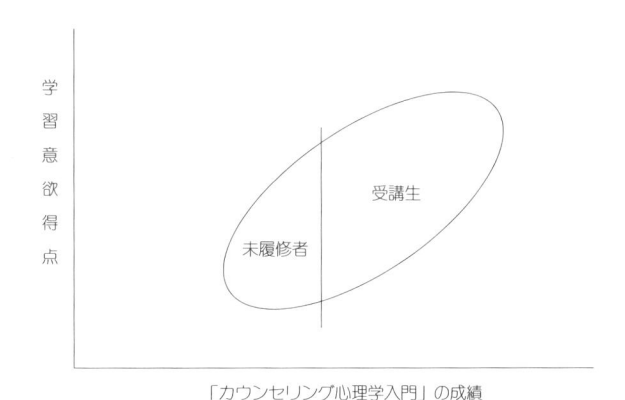

●図14-3 「カウンセリング心理学入門」の成績と学習意欲得点に関するピアソンの相関係数

5 例題5：メディアへの接触行動が小学生の攻撃的行動に及ぼす影響

注：この例題は，研究法の論理的トレーニングのために創作した，まったくの仮想研究，仮想データであることに留意せよ。

目的 テレビ（ビデオ）の暴力番組の視聴が原因で，その後の子どもたちが攻撃的行動を増加させるというモデリング効果が実証されてきた。しかし，今日ではマンガやビデオゲーム（テレビゲーム）に接触することの影響が大きいといわれている。本研究では，攻撃的な内容を含むマンガやゲームへの接触が学

校内での攻撃的行動を促進させるかどうかを調査する。

方法 (1)調査対象：市内のある小学校2年生（男児20名，女児18名，合計38名），4年生（男児16名，女児21名，合計37名）の合計75名である。

(2)手続き：マンガの愛読雑誌名，作品名，読書時間，ビデオゲーム名，ゲーム時間について最近1週間分をアンケート形式でたずねた。内容確認の後，1日あたりのメディア接触時間を求め，30分ごとに1点，2点と得点化した。日常行動は，訓練を受けた14名の大学生が手分けし，学校の昼休みの時間（1週間）に攻撃的行動の観察を行なった。なお，予備調査により，観察用チェックリスト項目（12点満点）の妥当性と信頼性は確かめられている（略）。

結果と考察 表14-3には，学年別，性別にみたメディア接触時間（得点）および日常行動得点の平均値（標準偏差）を示す。

それぞれ，学年（2）×性別（2）の分散分析を行なった。メディア接触得点では，性別の主効果が有意（$F_{(1,71)}=19.22, p<0.01$），学年の主効果は5％の有意水準に近かった（$F_{(1,71)}=3.30, p=0.074<0.10$）。交互作用は有意ではなかった（$F<1$）。日常行動得点では，学年の主効果が有意（$F_{(1,71)}=10.25, p<0.01$），性別の主効果は5％の有意水準に近かった（$F_{(1,71)}=3.85, p=0.054<0.10$）。交互作用は有意ではなかった（$F<1$）。また，得点分布の確認の後，両者の間のピアソンの相関係数を算出すると，いずれも有意であった（表14-4）。

●表14-3　メディア接触得点および日常行動得点の平均値（標準偏差）

	メディア接触得点			日常行動得点		
	男児	女児	全体	男児	女児	全体
2年生	3.10(1.12)	1.94(1.00)	2.55(1.25)	4.80(1.67)	3.50(2.26)	4.18(2.05)
4年生	3.56(1.26)	2.43(1.03)	2.92(1.26)	5.94(2.26)	5.38(2.04)	5.62(2.13)
全体	3.31(1.24)	2.21(1.03)	2.73(1.26)	5.31(2.01)	4.51(2.32)	4.89(2.20)

●表14-4　メディア接触得点－日常行動得点のピアソンの相関係数

	男児	女児	全体
2年生	0.50*	0.72**	0.65**
4年生	0.81**	0.61**	0.69**
全体	0.67**	0.68**	0.67**

**$p<0.01$　*$p<0.05$

⑤ **例題5：メディアへの接触行動が小学生の攻撃的行動に及ぼす影響**

　以上，両者に有意な正の相関関係が認められたことから，メディア接触時間の量が小学生の攻撃的行動に促進的な効果を及ぼすことが実証された。さらに，分散分析の結果から，性別差や学年差がみられることもわかった。

【教授からのコメント】
　この報告では，相関係数算出という統計処理と，目的あるいは結論の2者間に混同がみられる。相関関係と因果関係を混同している。
　メディア接触得点と日常行動得点間に正の相関関係があることを実証しても，それは必ずしも，本研究で結論するような因果関係の実証にはならない。メディア接触が原因で攻撃的行動が促進されることを実証してはいない。たとえば，逆の因果関係の方向として，日常で攻撃的な子どもが，好んで攻撃的なメディアに接触しているのかもしれない。
　したがって，このままの分析ならば有意な正の相関関係が得られたことに限定して考察すべきである。因果関係を調べるならば，たとえば要因計画法を用いた実験的研究を行なう方がよいだろう。また，分散分析を行なったのならば，そのことについての考察もすべきであろう。

コラム 11

研究発表の仕方2 ―わかりやすいポスター発表―

　国際学会はもとより，国内学会でも口頭発表はシンポジウムや一部のセッションに限られ，個人発表はポスター発表で行なわれるのが一般的となってきた。博士論文や修士論文の中間発表や，卒業論文発表をポスター形式で行なうところも多い。

　ポスター発表は自分の研究内容をポスターにまとめて一定時間張り出し，そのポスターを見に来た人にその都度研究内容を説明し，直接の質疑応答を行なうという，相互作用性の強い発表形式である。興味関心を共有する研究者と個人的に知り合い，また交友を深める機会ともなる。国際学会では，質問を聞き直すこともでき，語学の得意でない者にも比較的発表しやすい形式である。聴衆側でも，時間に縛られることなく自由に見たいところに行き，質問やコメントを投げかけることで，疑問点を解消させたり説明を求めることができる。

　ポスター発表においては，多くの聴衆の関心を引くようなポスターであること，また内容的にもわかりやすいものであることが重要となる。しかしながら，わかりやすいポスターの作り方について，わが国では必ずしも十分な指導がなされているわけではない。国際学会で配布されたポスターの作り方を基に(Carter & Nilsson, 1999)，個人的な工夫も交えいくつかのヒントを示したい。

①タイトル：真ん中の上におく。タイトルは短く。また研究の結論がタイトルに現われているとわかりやすい。タイトルは72ポイント以上の大きさで。
②名前：タイトルの下におく。名前の下に所属も。48ポイント以上の大きさで。
③文字：本文の文字は24ポイント以上。タイトル，名前，本文とも太字（ブロック体やゴチック体）とする。強調したいところは，字体や色を変える。色を使う場合，赤と緑を並べて使うと色覚障害のある人には区別できない可能性があるので避ける。英文の場合，大文字のみを使った表示はなるべく避ける(たとえばPRESENTATION よりも Presentation の方が読みやすくわかりやすい)。
④文章：文は短く。1小節4-5行で構成する。英文の場合，左揃えにし，左右の均等割付は行なわない方が読みやすい。
⑤構成：1．要約，2．問題，3．方法，4．結果，5．結論の順で示す。これらにはこのように番号をつけておくと読む順番がわかりやすい。いずれも，A4版程度の大きさでプリントアウトする。結果以外は1枚程度に収める。
⑥要約：最初に目が行く場所である左上に要約をおく。研究の概要を，項目ごとに分けて数行以内で示す。要約がわかりにくいと，それ以上は読まれなくなる可能性が高い。箇条書きの項目は，目的(研究で明らかにしたい点)，被験者（人数等も含む），材料や手続き（簡単に），主要な結果（最も重要な結果のみ

（中澤　潤）

に限る），意義（この研究から示唆されることや結果のもつ意義を述べる）
⑦問題：ポスターは論文ではないので，従来の研究を細々と引用する必要はない。この研究で明らかにしたいことは何かを明確に示し，文献を引用する場合でも直接かかわるもの数点に限る。文章はなるべくシンプルなものにする。それによって，結局のところ自分が何をしたかったのかが改めて意識されるだろう。
⑧方法：文章はなるべく少なく，図で示すとよい。その他のこまかな手続きは，聴衆との対話の中で述べたり，配布資料（ハンドアウト）に書いておけばよい。
⑨結果：最も重要な結果について図表を交えて述べる。結果については統計値（t や F の値）は煩雑になるので不要である。発表者は専門家であるので，「差がみられた」，「多かった」といったことは適切な統計的検定に基づいている，という暗黙の了解がなされているのである。

表よりも図の方がわかりやすいので，図にできるものはそうしたほうがよい。図中の群名などは水平に表示し，斜めや縦置きの表示にならないようにする。
⑩結論：結局何がわかり，何が言えるのか，研究の意義は何かを箇条書きで。
⑪ポスターの作成：ポスターはパワーポイントのようなプレゼンテーションソフトを用いると比較的容易に作成でき，それに少し手を加えれば，ハンドアウトも作りやすい。

ポスターを印刷する紙が色付きであれば目に付きやすい。また，B4版の色画用紙の中央に貼り付けるとよい。B4ファイルに入れれば折れ曲がることもなくもち運びやすいし，ポスターとして張り出しやすい。
⑫その他必要なもの：国際学会では，研究内容を論文形式にまとめたハンドアウトを準備し，ポスターを見に来た人に配布することが一般的である。研究の詳細（問題，結果の表や統計値，引用文献など）はこちらに書き込んでおく。ハンドアウトにはメールアドレスなどを入れておく。また，ハンドアウトがなくなり入手できなかった人や発表者の他の研究を知りたい人が自分の連絡先を知らせるための名刺や住所ラベルを貼り付けられる紙も用意しておくとよい。

ポスターに多くを盛り込まないこと。その代わりに，見に来てくれた人との深い相互作用を行なうことがポスター発表のポイントである。

効果的なポスターの作り方については，
http：//edu. medsci. uu. se/occmed/poster/default. htm も参考になる。

■引用文献■
Carter, N., & Nelsson, K.　1999　*Tips for a readable POSTER.* XXVII ICP

人名・事項索引

【50音順】

【ア 行】

あ
- アイゼンバーグ (Eisenberg, N.) 75
- アイゼンバーグ＝バーグ (Eisenberg-Berg, N.) 68
- アクションリサーチ 90
- Annual Review of Psychology 17
- アフォーダンス 44
- アマチュア 4
- アメリカ心理学会 17
- アメリカ心理学会のマニュアル 21
- α係数 109

い
- 育児ストレス 125,138
- 一要因分散分析 140,154
- 井上孝代 129
- 意味記憶 115
- イヨマンス (Yeomanns, J. M.) 95
- 因果関係 169
- 因子分析 106
- インターネット 2,17
- 引用文献 26

う
- 植村善太郎 66
- ウェンガー (Wenger, E.) 80
- 内山伊知郎 56,60
- 宇留野藤雄 56

え
- 英語論文 22
- APA Style Writer 21
- APAの論文作成ソフト 21
- 英文要約 22
- 榎本淳子 78
- エピソード記憶 115
- 援助行動 66
- EndNote 26
- エントリー・モデル 10,11

お
- 大河内祐子 90
- 大野木裕明 15,30
- 岡田圭二 123
- 刑部育子 82
- 教えてくれる人 2

【カ 行】

か
- 介護ストレス 125
- カイ自乗検定 143
- 概念駆動型処理 116
- 概念的妥当性 106
- カウンセラー 136
- カウンセリング 129,164
- カウンセリング技法 136

- 学術的プラットホーム 10
- 学校ストレス 125
- 鎌原雅彦 15
- カルト 5

き
- 記憶研究 123
- 菊池章夫 75
- 疑似相関 165
- 基準関連妥当性 109,145
- 木下是雄 22
- ギブソン (Gibson, J. J.) 45
- 教育心理学 90
- 教育心理学年報 17
- 共感的苦痛 50
- 共同体 81
- 禁煙教育 124

く
- 空間認知 102
- クグラー (Kugler, P. N.) 37
- 日下部典子 124
- クライエント 136
- クラスター分析 126
- クリティカルな思考（力） 2,3

け
- 結果 20,24
- GetARef 26
- 研究成果の発信 12
- 健康維持 124
- 健康心理学 124
- 顕在記憶 115

こ
- 考察 20,25
- 向社会的行動 73
- 向上訓練 164
- 交通心理学 64
- 口頭発表 30
- 項目分析 106
- ゴールドバーグ (Goldberg, L. R.) 104
- 個人別態度構造 126
- 後藤宗理 15

【サ 行】

さ
- PsycARTICLES 17
- PsycINFO 17
- 再検査法 145
- Psychological Bulletin 17
- Psychological Review 17
- サギ (Sagi, A.) 49
- 佐々木正人 45
- 参考文献 26
- 散布図 159

172

人名・事項索引

散布度	156

し

シソーラス	17
時代的な推移	56
実験条件	147
質問紙調査	144
児童心理学の進歩	17
柴橋祐子	135
シムナー (Simner, M. L.)	46
社会的志向性	142
社会的促進	150
謝辞	27
修士論文	16, 44
自由度	152
出生順位	140
首藤敏元	75
シュミット (Schmidt, R. C.)	42
シュワーブ (Shwalb, D.)	21, 25
少数事例	131
職場ストレス	125
事例研究	128, 131, 136
シンプルなロジック	99
信頼性	106, 141, 145
信頼性係数	145
心理学情報の内容チェック	3, 11, 12
心理学情報への接触	3, 11, 12
心理学的なセンス	3
心理学評論	17
心理テスト	135
心理療法	136

す

水準	154
ストレス	124, 162
スパーリング (Sperling, G.)	92
図・表	27

せ

性格5因子論	104
性格心理学	112
性格テスト	113
生活習慣病	124
生活の質	124
正規性の検討	109
精神医学	135
精神的な健康	135
生態心理学	44
正統的周辺参加	80
青年用5因子性格検査	107
関塚麻由	112
折半法	145
潜在記憶	115, 123
選抜効果	166
専門家集団	4

専門雑誌	4

そ

相関関係	169
ソーシャル・サポート	125, 162
曽我祥子	104, 107
卒業論文	16
卒業論文研究	6
素朴な疑問	99

【タ 行】

た

ターヴェイ (Turvey, M. T.)	37, 42
ダーリー (Darley, J. M.)	66
対応のあるt検定	147
（対応のある）平均の差の検定	151
対象者リストの精度	139
タイトル	18
代表値	156
高橋 綾	44
高橋雅治	21
竹原卓真	54
多重比較	154
妥当性	143

ち

中学生用5因子性格検査	105

つ

追試研究	10, 52
辻 敬一郎	100

て

データ駆動型処理	116
データ対話型理論	90
テクノストレス	125
電子図書館サービス	17
展望論文	17

と

盗作	11
統制群	147
統制条件	147
道徳的判断	68

【ナ 行】

な

内藤哲雄	126, 131, 134
内容的妥当性	145
中澤 潤	15, 170

に

二宮克美	71, 75
日本交通心理学会	56
日本心理学会の手引き	21
認知心理学	102
認知地図	102

173

の
ノンバーバル行動　54

【ハ 行】
は
パーソナリティの形成　135
配布資料（ハンドアウト）　171
PAC分析　126
発達心理学　78
ひ
ピアソンの相関係数　145, 157, 162, 164, 166
批判的な思考　2
批判的読み方　18
標準偏差　156
表題　22
評定の一致率　141
表面的妥当性　145
ふ
フィンドレイ（Findlay, B.）　14, 15
フェイブス（Fabes, R. A.）　75
プライバシーの保護　134
ブラクストン（Blaxton, T. A.）　114
附録　27
プロフェッショナル　4
文化的な普遍性　68
文献　26
文献研究　16
分散分析　153
へ
平均値　148, 156
平均値の差の検定　150
ほ
ホイヘンス（Huygens, C.）　34
ホイヘンスの法則　35
傍観者　66
方法　19, 23
ホームページ　17
保坂　亨　15

ポスター発表　170
ホフマン（Hoffman, M. L.）　49, 50
ポリグラフ　54
本　2

【マ 行】
ま
マニア　5
み
南　博文　15
宮下一博　15
む
宗方比佐子　71, 75
め
メールアドレス　171
面接法　128
も
問題　19, 23

【ヤ 行】
や
柳瀬亮太　102
ゆ
U字型　158
よ
要約　27

【ラ 行】
ら
ラタネ（Latané, B.）　66
り
臨床心理学　135
れ
レイヴ（Lave, J.）　80
ろ
論文執筆までの準備　22
論文の収集　16

心理学マニュアル　**研究法レッスン**

| 2002年9月10日　初版第1刷発行 | 定価はカバーに表示 |
| 2010年5月20日　初版第5刷発行 | してあります。 |

編　者　　大 野 木 裕 明
　　　　　中　澤　　潤
発行所　　㈱北大路書房
〒603-8303　京都市北区紫野十二坊町12-8
　　　　　電　話　(075) 431-0361㈹
　　　　　ＦＡＸ　(075) 431-9393
　　　　　振　替　01050-4-2083

ⓒ 2002　印刷／製本　㈱太洋社
検印省略　落丁・乱丁はお取り替えいたします

ISBN978-4-7628-2264-3　Printed in Japan